Feminististische Theorien zur Einführung

Regina Becker-Schmidt
Gudrun-Axeli Knapp

Feministische Theorien zur Einführung

JUNIUS

Junius Verlag GmbH
Stresemannstraße 375
22761 Hamburg
Im Internet: www.junius-verlag.de

Umschlaggestaltung: Florian Zietz
Satz: Druckhaus Dresden
Printed in the EU 2020
ISBN 978-3-88506-648-4
7., unveränderte Auflage 2020

Bibliografische Information Der Deutschen Nationalbibliothek
Die Deutsche Nationalbibliothek verzeichnet diese Publikation in der Deutschen Nationalbibliografie; detaillierte bibliografische Daten sind im Internet über http://dnb.dnb.de abrufbar.

Inhalt

Vorbemerkung

Eine Einführung in feministische Theorie hat es heute mit einem vielstimmigen und in sich kontroversen Diskurs zu tun. Im Singular ist feministische Theorie nicht zu haben. Das interdisziplinäre Feld feministischer Theoriebildung wird allerdings durch ein gemeinsames Band zusammengehalten: das wissenschaftlich-politische Interesse an der Verfasstheit von Geschlechterverhältnissen und die Kritik an allen Formen von Macht und Herrschaft, die Frauen diskriminieren und deklassieren. Anders als die Bezeichnungen »Frauen-« oder »Geschlechterforschung«, die sich eher auf den Gegenstandsbereich der Analysen richten, hebt das Adjektiv »feministisch« den politischen Impetus dieser wissenschaftlichen Strömung hervor und kennzeichnet sie als eine Form kritischer Theorie. Gleichzeitig verweist der Begriff »feministisch«, der im 19. Jahrhundert geprägt wurde, um die Emanzipationsbestrebungen von Frauen zu beschreiben, auf ein Moment historischer Kontinuität, das auch für das Selbstverständnis feministischer Wissenschaftlerinnen in der Gegenwart bedeutsam ist. Die Geschichte der Frauen- und Geschlechterforschung und der feministischen Theorie im heutigen Verständnis beginnt mit der neuen Frauenbewegung Ende der Sechzigerjahre. Schon in frühen Texten, in denen Feministinnen sich über ihre Wissenschaft äußern, deutet sich der enge Zusammenhang zwischen wissenschaftlichem Erkenntnisinteresse und politischer Praxis an; ein Spannungsverhältnis, in dem sich feministische Theoriebildung trotz aller Akademisierung und Professionalisierung bis heute bewegt.[1]

Dass im Feld feministischer Theorie wissenschaftliche Klärungen von politischer Selbstreflexion nicht zu trennen sind, lässt sich besonders prägnant an dem debattenförmigen Verlauf der Geschichte der Frauen- und Geschlechterforschung ablesen, der von den Siebzigerjahren bis in die Gegenwart reicht. Immer wieder gab es Themen, die disziplin- und richtungsübergreifend die feministische Theoriediskussion bündelten: In der Hausarbeitsdebatte der Siebzigerjahre ging es politisch und theoretisch um eine Erweiterung des Begriffs gesellschaftlicher Arbeit und darum, die von Frauen auch jenseits der Erwerbsarbeit erbrachten Leistungen und Praxisformen zur Geltung zu bringen.[2] In der Täter-Opfer- und Mittäterschaftsdebatte wurde über die Verwicklung von Frauen in die Fortschreibung patriarchaler Herrschaftsverhältnisse gestritten. In den Achtzigerjahren folgte die Debatte um Politiken von Gleichheit und Differenz, in deren Zusammenhang die dilemmatische Struktur beider Axiome ausgelotet wurde.[3] In den Neunzigerjahren traten die Diskussion um Dekonstruktion sowie das Thema der sozialen und kulturellen Heterogenität von Frauen in den Vordergrund.

Im Kontext der vielfältigen Debatten ist es zu paradigmatischen Verschiebungen gekommen; die als selbstverständlich angenommenen Fundamente des Feminismus wurden immer wieder neu befragt. Dabei haben sich auch länderspezifische Theorietraditionen herausgebildet, die in Überblicksdarstellungen wie dieser zwangsläufig zu kurz kommen müssen. So hat etwa der von der belgisch-französischen Philosophin Luce Irigaray inspirierte Feminismus der sexuellen Differenz außerhalb Frankreichs besonders in Italien, den Niederlanden und Österreich ein starkes Echo gefunden und zu spezifischen Konstellationen von politischer Bewegung, Frauenkultur und Theoriebildung geführt. Die feministische Diskussion hierzulande wurde in jüngerer Zeit, ähnlich wie in den skandinavischen Ländern, stärker durch angloamerikanische Debatten beeinflusst. Dennoch fällt ausländischen Beobachterinnen ein Charakteristikum auf, das deutschsprachige Theoriebildung von anderen zu unterscheiden scheint: die ausgeprägte sozialhistorische Ausrichtung.[4] Die historische Orientierung auch jenseits der im engeren Sinne geschichtswissenschaftlichen Frauenforschung manifestiert sich in einem breiten Spektrum von Analysen, die die Bedeutung von Geschlechterdiskursen und Geschlechterverhältnissen im Konstitutionsprozess der modernen Gesellschaft beleuchten. In diesem Zusammenhang wird ein gesellschaftstheoretischer Begriff des Geschlechterverhältnisses relevant, der die strukturellen Relationen zwischen den Genus-Gruppen in einem sozialgeschichtlichen Zusammenhang zu bestimmen sucht. Beim Blick auf länderspezifische Charakteristika feministischer Theoriebildung zeigt sich, dass vergleichbare historisch-gesellschaftstheoretische Orientierungen anscheinend eher im westeuropäischen als im US-amerikanischen Feminismus auszumachen sind. Letzterer hat sich an gesellschaftlichen und kulturellen Verhältnissen abarbeiten müssen, die nur bedingt mit den hiesigen vergleichbar sind. Dies wirkt sich auf die Übertragbarkeit seiner Einsichten aus und lässt die zunehmende Bedeutung komparatistischer Perspektiven in der internationalen Frauen- und Geschlechterforschung hervortreten.[5]

Kontextbindungen des Denkens, in denen sich unterschiedliche Theorietraditionen und Lebensverhältnisse reflektieren, zeigen sich auch – folgenreich – in den kultur- und sprachgeschichtlichen Spezifika des feministischen Zentralbegriffs »Geschlecht«. Die in den USA lehrende Italienerin Teresa de Lauretis hat ebenso wie die in Holland lehrende Australierin Rosi Braidotti darauf aufmerksam gemacht, dass der Gender-Begriff wenig Relevanz für die theoretischen Traditionen der romanischen Sprachen hat. Wenn man bedenke, dass im Französischen das Wort »genre« benutzt werden kann, um die »Menschheit« zu bezeichnen, dann werde seine Nichtübersetzbarkeit nachvollziehbar.[6] Diese Einschätzung betrifft auch die grundlagentheoretische Diskussion zum Verhältnis von »Sex und Gender«, die in Deutschland seit einiger Zeit Furore macht, deren Echo in frankophonen Ländern jedoch schwach blieb.[7]

In den vergangenen Jahren ist die Aufmerksamkeit für die gesellschaftliche und kulturelle Einbettung feministischer Theorie sowie für die damit zusammenhängenden Fragen nach Geltungsansprüchen und Reichweiten der jeweiligen Konzepte gewachsen. Zwar hat es in der feministischen Theorie schon immer vereinzelte Grenzgängerinnen zwischen Ländern und Wissenschaftskulturen gegeben, die zur Sensibilisierung gegenüber unterschiedlichen Erfahrungen und Formen ihrer theoretischen Reflexion beigetragen haben. Auch gibt es durchaus disziplinenspezifische Traditionen des Vergleichens und der Rücksicht auf Verschiedenheit, etwa in der Ethnologie oder anderen komparatistischen Fächern, die eine derartige Sensibilisierung befördern. Die gegenwärtige erhöhte Beachtung von Kontextbindungen und der Vielfältigkeit der Problemlagen, die Frauen betreffen, steht jedoch im Zusammenhang mit allgemeineren Entwicklungen: Sie wurde angeregt durch die Rezeption feministischer Texte aus Ländern, in denen Probleme der Multiethnizität, des Rassismus und des Kolonialismus früher diskutiert wurden als im deutschsprachigen Feminismus; sie wurde forciert mit der zunehmenden Thematisierung und Wahrnehmung der Folgen von Einwanderungen; sie wurde aktuell im Kontext der deutschen Vereinigung, die dazu nötigte, Trennendes zu realisieren und Gemeinsames zu bestimmen; und sie hat einen erweiterten politischen Horizont bekommen, der im europäischen Zusammenhang insbesondere mit der (west-)europäischen Integration und der zunehmenden Kommunikation mit Wissenschaftlerinnen aus Ost- und Südosteuropa verbunden ist.

Übersetzungsarbeit und Berücksichtigung der spezifischen Kontextbedingungen feministischer Theoriebildung erscheinen umso dringlicher, je mehr sich der transnationale Austausch intensiviert und je ungewisser im Zuge dieser Entwicklungen die Umrisse dessen werden, was als geteilte Erfahrung von »Frauen« unterstellt werden kann. Neben der zunehmenden Internationalisierung ist die gegenwärtige feministische Theorie durch ein hohes Maß an disziplinärer Ausdifferenzierung charakterisiert. Inzwischen dürfte es kaum ein Fach geben, in dem es nicht zumindest Ansätze einer feministischen Kritik und Forschung gibt. Nach wie vor sind jedoch – zumindest gilt das für den deutschsprachigen Bereich – die Sozial- und die Geisteswissenschaften diejenigen Disziplinen, in denen feministische Theorie besonders erfolgreich ist. Hier haben sich daher auch sehr unterschiedliche Zugangsweisen entwickeln können.

»Feministische Theorie« bezeichnet demnach keine Festlegung auf einen bestimmten Analyseansatz, wohl aber das Festhalten an einer kritischen Perspektive in der Analyse von Geschlechterverhältnissen. Insofern ist nicht jede Form der wissenschaftlichen Beschäftigung mit der Geschlechterthematik als »feministisch« zu bezeichnen. Feministinnen rekurrieren inzwischen auf ein breites Spektrum theoretischer Traditionen, die unter dem Gesichtspunkt ihrer Brauchbarkeit für ihre Forschungen evaluiert werden. Aufgrund der verbreiteten Blindheit überkommener Wissenschaft gegenüber Fragen des Geschlechterverhältnisses und wegen der androzentrischen Ausrichtung ihrer Begrifflichkeit können jedoch nur wenige Theorien – und dies gilt selbst für die erklärtermaßen gesellschaftskritischen Ansätze – ohne Revisionen für feministische Fragestellungen nutzbar gemacht werden.

Eine Einführung, die den Anspruch auf einigermaßen vollständige Wiedergabe des facettenreichen feministischen Diskurses erheben wollte, müsste den Charakter und den üblichen Umfang der Bände dieser Reihe sprengen. Wir haben uns infolgedessen für ein anderes Vorgehen entschieden. Die organisierende Perspektive unserer Einführung in feministische Theorien ist an einer gegenwärtig heiß diskutierten Frage ausgerichtet: Welche sozialen Konflikte machen eine Beschäftigung mit den strukturellen Folgen der gesellschaftlichen Ungleichbehandlung von Frauen gegenüber Männern nötig, welcher Stellenwert kommt demgegenüber der Analyse sozialer Differenzen zwischen Frauen zu?

Der Begriff »soziale Differenz« ist dabei auf verschiedenen Ebenen angesiedelt: Er zielt zum einen auf Benachteiligungsstrukturen beim Zugang zu materiellen und ideellen Ressourcen sowie zu politischen Partizipationschancen und zum anderen auf gesellschaftliche Diskriminierungen, die sich in mangelnder Anerkennung ausdrücken. Geschlecht, Klasse, Ethnizität, Hautfarbe sind Kategorien gesellschaftlicher Differenzierung und Ungleichheit, die sich zwar überlappen, die aber zwischen und innerhalb der Genus-Gruppen je nach Problemstellung ihr eigenes Gewicht haben.

Auch wenn diese Einführung aufgrund der politischen Geschichte feministischer Herrschaftskritik und der fachlichen Herkunft der Verfasserinnen einen sozialwissenschaftlichen Fokus hat und zumindest perspektivisch von der hiesigen Diskussion ausgeht, rückt die gewählte Systematik doch Grundlagenfragen feministischer Theoriebildung in den Blick, die gegenwärtig in allen Disziplinen und über Ländergrenzen hinweg verhandelt werden.

Der Aufbau folgt einer doppelten Orientierung: Es werden sowohl Konturen der Entwicklung deutschsprachiger Frauenforschung skizziert als auch aktuelle internationale Debatten feministischer Theorie.

Das Anfangskapitel beleuchtet zunächst die Ausgangsproblematik feministischer Wissenschafts- und Gesellschaftskritik und rekonstruiert dann die Herausbildung eines historisch-gesellschaftstheoretischen Konzepts vom »Geschlechterverhältnis« in der deutschsprachigen Frauenforschung. Anschließend werden zentrale Positionen zweier angloamerikanischer Debatten vorgestellt, die in den Neunzigerjahren auch für die hiesige Theoriediskussion wichtig geworden sind: die Sex-Gender-Debatte und der Diskurs über die soziale Heterogenität von Frauen. Die Darstellung dieser Kristallisationspunkte der neueren feministischen Diskussion bleibt weitgehend immanent und bezieht ihre Entstehungskontexte ein. Die Frage nach den Erträgen dieser Debatten wird jedoch immer wieder auf ein Verständnis von Geschlechterverhältnissen rückbezogen, das davon ausgeht, dass eine gesellschaftstheoretische Orientierung feministischer Kritik ebenso unverzichtbar und weiter auszubilden ist wie eine Sozialpsychologie der Geschlechterdifferenz. Zu deren Desideraten gehört eine Theorie der Subjektkonstitution, der es gelingt, die widersprüchlichen Dynamiken in Prozessen von Individuation, Sozialisation und Vergesellschaftung aufzuklären. Das abschließende Kapitel widmet sich in diesem Sinne der Frage der Subjektkonstitution, exemplarisch diskutiert anhand des diskurstheoretischen Zugangs von Foucault sowie mit Bezug auf eine feministisch revidierte Psychoanalyse. In einem Ausblick werden einige der Herausforderungen bezeichnet, mit denen sich feministische Theoriebildung am Beginn des neuen Jahrhunderts konfrontiert sieht.

1. Frauenforschung, Geschlechterforschung, Geschlechterverhältnisforschung

von Regina Becker-Schmidt

Vom historischen Überhang androzentrischer Diskurse zum Thema »Geschlecht«

Deutschsprachige Feministinnen haben sich in vielerlei Hinsicht an der europäischen Geschichte abgearbeitet: Es wurde der Zusammenhang zwischen dem Androzentrismus der französischen Aufklärung und den Konstruktionen geschlechtlicher Differenz aufgedeckt, die Fortführung ständisch-patriarchaler *gender regimes* im Zeitalter der kapitalistischen Industrialisierung offen gelegt, und es wurden die rechtlichen Kodifizierungen untersucht, die bis weit ins 20. Jahrhundert hinein in Deutschland die soziale Ungleichbehandlung der Geschlechter zuließen. An diese Theoriedebatten zu erinnern hat nichts mit einem unreflektierten Eurozentrismus zu tun. Es ist vielmehr die historische Abfolge von Feudalismus, Französischer Revolution, Bürgertum und Klassengesellschaft, die vor allem auf zwei Phänomene ein spezifisches Licht wirft. Zum einen tritt die Langlebigkeit von männlich geprägten Geschlechtsstereotypien zutage, die sich im Ehe- und Familienrecht, in den Arbeitsschutzgesetzen und in Eigentumsordnungen niederschlugen; zum anderen wird deutlich, unter welchen gesellschaftlichen Umständen sich die Trennung von Privatsphäre und Öffentlichkeit vollzog und welche Transformationen sie erfahren hat. In all diesen Themenfeldern geht es nicht um europäische Sonderprobleme. Rechtsanalysen sind überall für feministische Theorien von Bedeutung und ebenso die Analyse von sektoralen Aufspaltungen in der Gesellschaft, die zu Männerdomänen und sozialen Räumen führen, die Frauen zugewiesen werden . Für Androzentrismuskritik ist die französische Aufklärung, die in der ganzen westlichen Welt zum Emanzipationsmodell wurde, ein Paradebeispiel.

Seit in den Wissenschaftstraditionen des westlichen Abendlandes über die Menschheit nachgedacht worden ist, gibt es Reflexionen darüber, warum sie in zwei Geschlechter – Frau und Mann – geschieden ist. Gehört Zweigeschlechtlichkeit unhinterfragbar zum menschlichen Gattungswesen?

Da Frauen in nennenswerter Zahl zu den Institutionen der Wissenschaft erst zu Beginn des 20. Jahrhunderts zugelassen wurden, sind solche sozial wirksamen Überlegungen lange Zeit einseitig von Männern vertreten worden, von Philosophen, Staatstheoretikern, Natur- und Humanwissenschaftlern, Politikern. Ehe sich feministische Diskurse entfalten konnten, waren Vorstellungen von »Geschlecht« und »Geschlechtlichkeit« bereits aus männlicher Perspektive vorgedacht. Die Geschichte der Frauen- und Geschlechterforschung hat also, wissenschafts- und realhistorisch gesehen, nicht voraussetzungslos begonnen. Die alte Frauenbewegung musste erst Breschen in die Konstruktionen männlicher Weltanschauung schlagen, um sich Raum für eigenständiges Argumentieren zu schaffen. Das männliche Geschlecht hatte sich ins Zentrum des Universums gesetzt, das es aus seinem Blickwinkel betrachtete – nach dem Motto »Männer machen Geschichte, Männer besitzen den Schlüssel zum Wissen, und darum gestalten auch Männer das soziale, kulturelle und politische Gemeinwesen«. In solcher Selbstbezüglichkeit nahmen sie das weibliche Geschlecht bestenfalls als etwas Peripheres wahr. Zur Einführung in feministische Theoriebildung sei darum nicht nur daran erinnert, welche androzentrischen Denkmuster und Phantasmen über Männlichkeit und Weiblichkeit von Schriftstellerinnen und Wissenschaftlerinnen angegriffen werden mussten, um die Welt umfassender, d.h. weniger einseitig ergründen und darstellen zu können. Es soll ebenso gezeigt werden, dass Ansichten von Frauen meist erst dann zur Kenntnis genommen wurden, wenn Philosopheme, in denen der Mensch als Mann erschien, fadenscheinig wurden.

Der Zusammenhang von Gelehrtenwissen, Männermacht und Antifeminismus in der Geschichte ist von Feministinnen vielfach belegt und kritisiert worden. Von ihren historischen Analysen sollen im Folgenden modellhaft zwei Untersuchungen dargestellt werden. Beide beschäftigen sich mit tiefgreifenden gesellschaftlichen Umbrüchen in der europäischen Moderne, in denen traditionelle Geschlechterordnungen ins Wanken gerieten. Im ersten Fall, der sich während der Französischen Revolution ereignete, geht es um die Rekonstruktion der Rhetoriken, die – als Hilfsmittel materieller Gewalt – Frauen zu Menschen zweiter Klasse degradierten und sie aus der Emanzipationsbewegung ausschlossen. Im zweiten Exempel stehen Diskurse deutscher Sozialpolitiker zum Phänomen »Frauenerwerbsarbeit« zur Debatte. Wie schafften Gelehrte und Politiker zu Beginn der industriellen Revolution durch Fiktionen jene Fakten, mit deren Beseitigung wir noch heute zu tun haben: hierarchische Geschlechterordnungen und Formen geschlechtlicher Arbeitsteilung, die durch stereotypisierende Weiblichkeits- und Männerbilder abgestützt werden? Beide Male soll die Soziogenese von androzentrischen Logiken im Umgang mit »Geschlecht« Anhaltspunkte dafür liefern, worauf ihr Beharrungsvermögen beruht(e) und welche Unstimmigkeiten sie angreifbar mach(t)en.

Als Erstes sei Bezug genommen auf eine Studie von Friederike Hassauer, die sich den sozialen, politischen und ideengeschichtlichen Kontexten zuwendet, in denen Olympe de Gouges ihre den Frauen gewidmete Menschenrechtserklärung artikulierte.[8] Hassauers Fallanalyse macht deutlich, dass ohne Rekurs auf die Problemgeschichte der Moderne, als deren Fanal die Französische Revolution gelten kann, die Anstöße nicht nachzuzeichnen sind, die in Westeuropa feministische Suchbewegungen nach einem eigenen Ort des Denkens und Handelns auslösten. Ohne historischen Rückblick bliebe ebenfalls verborgen, welche Kräfte sich dagegen stemmten, dass Frauen als Rechtssubjekte in der Gesellschaft mitreden und mitgestalten wollten.

In der Französischen Revolution formierte sich eine Frauenrechtsbewegung, die nicht nur Verbesserungen für die weibliche Genus-Gruppe reklamierte, sondern auch die ungleiche Stellung der Geschlechter als gesellschaftlichen Konflikt reflektierte. Hassauer ruft ins Gedächtnis, mit welcher Härte dieser Versuch von Frauen, sich durch rationale Beweisführung Rechte zu erkämpfen, niedergeschlagen wurde. Die Vertreter der Revolution nutzten ihre diskursive Vormachtstellung in den öffentlichen Foren von Wissenschaft und Politik sowie die fraternalistischen Strukturen in den neuen, antifeudalen Herrschaftsverhältnissen, um Opposition von Frauenseite im Keim zu ersticken.

Beides zusammengenommen bedeutete: Frauen hatten kaum eine Chance, einen autonomen Argumentationsrahmen abzustecken und sich mit ihren Forderungen nach rechtlicher und faktischer Gleichstellung Geltung zu verschaffen. Männliche Rhetoriken, mit einem Traditionsvorsprung versehen und durch realpolitische Machtmonopole abgesichert, verteidigten die umstrittenen Bastionen erfolgreich, weil Frauen – außer ihrer Vernunft – über keinerlei Mittel zur Durchsetzung ihrer Interessen verfügten. Bis weit ins 19. Jahrhundert hinein und zum Teil bis zum Beginn des 20. Jahrhunderts besaßen sie keine Versammlungs- und Vereinsrechte; Aufklärungskampagnen, welche die weibliche Bevölkerung erreichen sollten, evozierten herrische Verbote, Terror und Verunglimpfungen. Schimpfworte wie »Suffragetten«, »Emanzen«, »Blaustrümpfe« diskriminierten Frauenrechtlerinnen, die Freiheit, Gleichheit und Achtung auch für das eigene Geschlecht reklamierten. Wir können uns heute wohl kaum noch vorstellen, wie dramatisch und riskant damals weiblicher Eigensinn in Theorie und Praxis war.

Angelpunkt des von Revolutionärinnen produzierten Wissens sind die Widersprüche, die in männlichen Konzepten vom Wesen des Menschen aufbrechen. Hassauer arbeitet in ihrem Essay zum einen die historischen Konstellationen heraus, innerhalb deren Olympe de Gouges, die wohl exponierteste Vertreterin einer radikalen Frauenrechtsbewegung, die Ebenbürtigkeit der Geschlechter überhaupt erst einklagen konnte. Sie legt zum anderen frei, woran Olympe de Gouges und ihre Mitstreiterinnen damals scheitern mussten.

In Anlehnung an Michel Foucault beschreibt Hassauer die Legitimationskrise, in die männlich geprägte Menschen- und Weltbilder im 18. Jahrhundert gerieten. Die Dilemmata, die sich im Vollzug eines Paradigmenwechsels auftun, eröffneten de Gouges die Möglichkeit, die Vertreter der Französischen Revolution an ihrem eigenen Anspruch zu messen: an dem Versprechen, *alle* Menschen von ständisch-feudaler Herrschaft zu befreien.

Hassauer kennzeichnet den epistemologischen Umbruch, um den es hier geht, als einen Wechsel von anthropologischen Konzeptionen.[9] Das sei zum besseren Verständnis etwas näher erläutert.

Etwa seit Mitte des 18. Jahrhunderts verlor das cartesianisch-rationalistische Ordnungswissen, das die Souveränität der Vernunft als Subjektpotenzial feiert, an Geltung. Der von René Descartes entwickelte moderne Rationalismus, welcher der »cogitatio« eine zentrale Stellung in der Vorstellungswelt einräumt, trug noch scholastische Züge, die mit dem antitheologischen Affekt des revolutionären Zeitalters kollidierten. Descartes begründete die Wahrheit des Denkens, das durch den Zweifel hindurchgegangen ist, mit einem Gottesbeweis. Für ihn galt nicht nur »cogito ergo sum«, sondern auch das Folgende: Unter den Imaginationen des Denkens befindet sich die Gottesidee. Diese Idee, so folgerte er, kann ich nicht frei erfunden haben, da sie eine vollkommenere Realität einschließt, als sie mir zukommt. Die Ursache der Gottesidee muss darum Gott selbst sein. Er hat sie mir eingegeben. Damit ist die Idee »Gott« der Beweis für das Dasein Gottes. Aus der Klarheit und Deutlichkeit der Gottesidee ist laut Descartes zu schließen, dass auch alles andere, was ich klar und deutlich erkenne, wahr sein muss.

Wie Hassauer darlegt, hat aber »Gott« als Bezugspunkt für anthropologische Reflexionen in der fortschreitenden Aufklärung des 18. Jahrhunderts keinen Platz mehr. Die Idee »Natur« löst diesen noch für das 17. Jahrhundert paradigmatischen Legitimationsbegriff ab und läutet einen anderen Modus des Denkens und Redens ein. Die Frage »Was ist die Natur des Menschen?« wird zum Kern einer neuen Wissenschaft: der »science de l'homme«, einer Humanwissenschaft, die sich an der Leitwissenschaft »Naturgeschichte« orientiert. Es entsteht eine säkularisierte Anthropologie, die den Menschen unmittelbar zum Objekt der Forschung macht. An ihrem Wissen richten sich die Konstruktionen der sozialen Wirklichkeiten aus, die sich in den modernen Gesellschaften Mitteleuropas herausbilden. Nicht nur wird »Weiblichkeit« in der »science de l'homme« zur Bestimmung von Nachrangigkeit. In der rassistischen Hierarchie der Wissenschaft vom Menschen werden Nicht-Weiße als mindere »Rasse« diskriminiert.

Die neue Anthropologie, die sich auf das Naturrecht als Grundlage von Menschen- und Bürgerrechten beruft, verwickelt sich jedoch in einen Widerspruch, der sich immanent nicht lösen lässt: Das Naturrecht wird nur für den Mann geltend gemacht. Wenn aber Menschenrechte auf der Gleichheit aller frei Geborenen beruhen sollen, wie kann dann einer Hälfte der Menschheit die Teilhabe an ihnen versagt werden? Die Gleichsetzung von Mensch und Mann ist vom Naturrecht her nicht zu rechtfertigen: Frauen kommen wie Männer ohne Festlegung auf einen bestimmten Rang auf die Welt. Es kann nur ein Willkürakt sein, dem weiblichen Geschlecht Menschen- und Bürgerrechte zu versagen. Der Ausspruch von Jean-Jacques Rousseau: »Der Mensch ist frei geboren und doch überall in Ketten gelegt«, der sich gegen die Unrechtmäßigkeit jeglicher Unterdrückung von Menschen durch Menschen wendet, erfährt durch eine solche Ausgrenzung eine Pervertierung. Während die Ungebundenheit der »Natalität« (Hannah Arendt) für Männer konsequenterweise die Aufhebung von Herrschaft-Knechtschafts-Verhältnissen zur Folge haben muss, sollen Frauen, nur weil sie unter das Etikett »weiblich« fallen, an patriarchale Bevormundung und gesellschaftliche Minderbewertung gekettet bleiben. »Natur« wird in solcher Ungleichbehandlung der Geschlechter deklaratorisch in zwei differente Erscheinungsweisen aufgespalten. Hassauer schreibt: »Die Revision des anthropologischen Paradigmas zu einer veränderten Form des Wissens über die Natur des Menschen produziert gleichzeitig ein verändertes Wissen über Geschlechtsspezifität und damit historisch eigentümliche Asymmetrien in der Zuschreibung des emphatischen Prädikats des neuen ›Menschen‹ auf ›Mann‹ und ›Frau‹. Dieses Wissen heißt von nun an definitorisch ›Natur des Menschen / des Mannes / der Frau‹. Über den Naturbegriff sind von nun an die neuen anthropologischen Dispositive begründet, über den Naturbegriff – und damit unhintergehbar – sind von nun an die neuen substantialistischen Festschreibungen der Geschlechter legitimiert.«[10]

An diesem Skandalon setzt de Gouges an. In ihren Augen verliert die Französische Revolution mit dem Paradox der »natürlichen« Ungleichheit in der naturrechtlichen Gleichheit ihre emanzipatorische Programmatik: Die Disparität in der gesellschaftlichen Stellung von Mann und Frau konfligiert mit dem erklärten Ziel des Umbruchs, Egalität herzustellen. So korrigiert sie die Menschen- und Bürgerrechtserklärung der Republik mit dem Diktum: »Die Frau ist frei geboren und bleibt dem Mann an Rechten gleich.«[11]

Die Gegenseite, mit der de Gouges glaubt verhandeln zu können, reagiert tyrannisch. Zur Geschlechtsnatur des Weibes gehören nach Ansicht der Revolutionäre seine Anfälligkeit für Hysterie, seine Infantilität, seine Vernunftlosigkeit. Dieses Urteil wird auch über de Gouges verhängt. Sie gilt als pervers (männisch / unweiblich), größenwahnsinnig und impertinent und wird schließlich 1793 als Royalistin zum Tod auf dem Schafott verurteilt. Eine aktive Partizipation von Frauen am politischen Leben erscheint als unvorstellbar, einfach »naturwidrig«.

Die Bewegung der Revolutionärinnen kann sich nicht behaupten. Im Oktober 1793 werden die feministischen Klubs geschlossen, 1795 untersagt der Konvent Frauen die Teilnahme an politischen Versammlungen, im März verbietet er ihnen das Tragen der Kokarde mit dem Argument, es hieße die Bestimmung der Geschlechter verwechseln, wenn das Insignium der Revolution in die Hände von Frauen gelange. Für Hassauer hängt die Instabilität der frühen Frauenrechtsbewegung damit zusammen, dass die weibliche Bevölkerung insgesamt unorganisiert ist und die feministische Öffentlichkeit »auf geborgtem politischem Boden« steht.[12] De Gouges muss sich also in erster Linie mit von Männern entwickelten Ideen auseinander setzen. Es kann keinen Konsens geben, solange es nicht wirklich um die Menschenwürde aller Bürgerinnen und Bürger, sondern nur um die Herrschaft der fraternalistisch verschworenen neuen Eliten geht.

Zwei Setzungen im androzentrischen Referenzsystem, in dem de Gouges sich verfängt, sind bis in die gegenwärtige Frauen- und Geschlechterforschung hinein Bezugspunkte alternativer Theorieentwürfe geblieben. Zum einen die Dichotomisierung von »Weiblichkeit« und »Männlichkeit«. Zu de Gouges' Zeit erfahren die Vorstellungen von Geschlechterdifferenzen als Begründung von Geschlechterhierarchien ihre wissenschaftliche Ausgestaltung: Der Mann tritt als Gelehrter und Künstler auf, als von Männern gewählter Herrscher, als Gesetzgeber, als Hausherr, als gebieterischer Vater, als Erblasser. Der Frau kommt keine dieser Positionen zu. Als Leerstelle in den Subjektkonzepten androzentrischen Philosophierens zieht sie Projektionen auf sich, die instrumentellen Charakter haben. Hassauer zählt sie auf: Die Frauen erscheinen als Geschlechtswesen, als Seelenwesen, als Körperwesen, als heiliges Wesen, als tierisches Wesen, als Gefühlswesen, als Mutter- und Familienwesen, als häusliches Wesen.[13] Solche Frauenbilder verloren im Laufe der Geschichte viel von ihrer quasi mythologischen Wirkmächtigkeit. Geschlechterstereotype haben sich gewandelt, sie sind in sich widersprüchlicher geworden und rufen darum eher Zweifel hervor. Aber ihre Produktion ist nicht versiegt. Sie dienen nach wie vor dazu, Trennlinien und Rangordnungen zwischen den Geschlechtern im Bewusstsein der Menschen zu plausibilisieren.

Zum anderen berühren die Postulate von Olympe de Gouges die soziale Gliederung der Bevölkerung: Nicht nur die Ständeordnung, sondern auch die Geschlechterhierarchie bedarf ihrer Meinung nach der radikalen Umgestaltung. Mit dem Begehren der frühen Frauenrechtsbewegung nach politischer Partizipation erweitert sich die revolutionäre Kritik an Strukturen der sozialen Ungleichheit im Ancien Régime um die Dimensionen »Patriarchalismus und Frauenunterdrückung«. Das tangiert unmittelbar die Legitimität der Republikaner. Unter ihrer Herrschaft kommt es zu einer Konvergenz zwischen asymmetrischen Vorstellungen von Weiblichkeit und Männlichkeit und einem politischen Gewaltmonopol: Gesetzgebung, Verwaltung, Rechtsprechung in Regierung, Parlament und Gerichtswesen sind fest in ihrer Hand. Die Einsprüche de Gouges', die Intentionen der radikalen Aufklärung gegen antifeministische Vorurteile setzt, greifen männerbündische Sozialstrukturen an. Daraus wird sich später in der Frauenforschung und in der feministischen Theoriebildung die Frage nach dem Zusammenhang von Klassen- und Geschlechterverhältnissen entwickeln. Sie schließt die Erörterung der Motive ein, die zu klassenübergreifenden, gegen die weibliche Genus-Gruppe gerichteten Allianzen zwischen Männern führen.

Es ist noch ein langer Weg, bis die Bevormundung des weiblichen Geschlechts, durch Herrenrecht verhängt, abgeschüttelt ist und Frauen den auch ihnen gebührenden Subjekt- und Rechtsstatus erlangen. Hassauer betont, welche neue Dimension die diskursiven Strategien von Olympe de Gouges aus dem Jahre 1791 gewinnen, wenn man sich die Problemgeschichte vergegenwärtigt. Erst 1949 wurde mit der Verabschiedung des Grundgesetzes der Bundesrepublik Deutschland der Grundsatz der Gleichheit der Geschlechter eingeführt, und es dauerte weitere 25 Jahre, bis durch die Aktivitäten der Frauenbewegung und der Frauenforschung die Notwendigkeit, diesen Gleichheitsgrundsatz tatsächlich zu realisieren, ins öffentliche Bewusstsein drang.[14] Vollkommen durchgesetzt sind die Menschen- und Bürgerrechte für die weibliche Genus-Gruppe immer noch nicht; und immer noch kommt Antifeminismus auf, wenn männliche Suprematieansprüche von Frauen mit »Räson« ad absurdum geführt werden.

Wenden wir uns der industriellen Revolution zu. Einige Jahrzehnte nach der Ausrufung der Französischen Republik bricht in Deutschland ein Geschlechterkonflikt aus, dem Sozialpolitiker ebenfalls mit einer Veränderung anthropologischer Konzepte zu begegnen suchen. Sie können dabei an die Ideengeschichte des 18. Jahrhunderts anknüpfen.

Die Sozialhistorikerin Karin Hausen geht der Beziehung zwischen den gesellschaftlichen Umbrüchen in der Industrialisierungsphase und den Akzentverschiebungen nach, die sich in der zweiten Hälfte des 18. Jahrhunderts in den philosophisch-politischen Aussagesystemen über die Natur der Geschlechter nachweisen lassen. Sie exploriert, innerhalb welcher Kontexte sich im Deutschland dieser Zeit die Hierarchisierung der Geschlechter auf neue Weise konstituiert und welches Gewicht dabei den Festlegungen von Weiblichkeit und Männlichkeit zukommt, die jetzt sowohl konkretistischer substanzialisiert als auch schärfer dichotomisiert werden. Ihr Augenmerk richtet sich darauf, wie gesellschaftliche Friktionen, hervorgerufen durch eine neue Wirtschaftsweise, die kapitalistische Ökonomie nämlich, bisherige geschlechtliche Ungleichheitslagen verändern.[15] Die Trennung von Erwerbs- und Privatsphäre wirkt sich unmittelbar auf die Stellung der Genus-Gruppen aus. Zum einen wird in der neuen Wirtschaftsordnung Gelderwerb zur Existenzsicherung der Bevölkerung höher bewertet als die reproduktiven Leistungen, die in der Familie erbracht werden. Zum anderen soll die marktvermittelte und damit bezahlte Arbeit Männern vorbehalten, die häusliche, unbezahlte Praxis dagegen Pflicht der Ehefrauen sein. Hausen arbeitet heraus, wie ökonomische Kalküle und androzentrische Denkmuster von Sozialpolitikern in diesem rückschrittlichen Modell einer Geschlechterordnung zusammentreffen.

Obwohl liberale Wissenschaftler wie z.B. der Volkswirtschaftler Gustav Schmoller die gesellschaftlichen Dynamiken durchaus wahrnehmen und auch ihre wirtschaftspolitischen Folgen antizipieren, bildet sich bei ihnen dennoch ein bestimmter Fokus der Zeitdiagnose heraus: das Ansteigen der Frauenerwerbsarbeit. Sie lösen diese Erscheinung aus dem komplexen gesellschaftlichen Problemzusammenhang heraus, in den sie eingebettet ist, und rücken sie – isoliert und kontextlos – ins Zentrum ihrer Reaktion. Indem Hausen den Horizont des sozialen Umwälzungsprozesses absteckt, wird transparent, was sich hinter dem verbirgt, was als »Frauenfrage« deklariert wird.

Mit der kapitalistischen Industrialisierung wächst die Bedeutung des gesellschaftlichen Reproduktionsmittels »Arbeit«, das sich einerseits zur Lohnarbeit verallgemeinert, andererseits in Hausarbeit und Erwerbsarbeit auseinander tritt. Die sozioökonomischen Wandlungsprozesse, die diese Entwicklung aus sich hervortreiben, erfassen alle sozialen Bereiche: die Sphäre des Erwerbs, familiale Lebensformen, die Alltagskulturen, das Erziehungswesen, den Arbeitsmarkt. Symptomatisch für die kapitalistisch-bürgerliche Gesellschaft wird jedoch vor allem eine strukturelle Diskrepanz: Sie »bezieht ihre menschlichen Ressourcen aus privaten Familien, hat aber Probleme, ein harmonisches Ineinandergreifen von privat-familialem System und System der gesellschaftlich organisierten Arbeit hervorzubringen«[16]. Die bürgerlichen Sozialpolitiker lenken die öffentliche Aufmerksamkeit auf die außerhäusliche Arbeit von Frauen, so als wäre sie der Kernpunkt allgemeiner Destabilisierung.

Welche Funktion hat eine solche Fokussierung? Hausen führt aus: Im Prozess der kapitalistischen Industrialisierung tritt die Relevanz der Hauswirtschaft gegenüber der der Volkswirtschaft zurück. Der Verkauf von Arbeitskraft wird für die meisten zur einzigen Chance, die Existenz der Familie zu sichern; alle müssen zum Familieneinkommen beitragen – Frauen, Männer und Kinder. Denn den Arbeitsmarktpolitikern ist Familienorientierung ebenso fremd wie den Kapitaleignern der Gedanke an einen ausreichenden »Familienlohn«. Die Frauenerwerbstätigkeit steigt an. Während die außerhäusliche Arbeit der Männer als Selbstverständlichkeit angesehen wird, löst die Erwerbstätigkeit von Frauen unter den Sozialpolitikern Unruhe und heftigen Protest aus. Hausen lotet diese Unstimmigkeit aus: Nicht die Entgegensetzung von »familialem System der Produktion/Reproduktion von Menschen und gewinn- und marktorientiertem System der Produktion/Reproduktion von Gütern und Kapital wird problematisiert, sondern Frauen wird immer massiver als persönliches Dilemma aufgebürdet, was sich als gesamtgesellschaftlicher Widerspruch herausgebildet hat«[17]. Dass Frauen auf dem Markt um Arbeit nachsuchen, wird als Bedrohung des Familienzusammenhalts betrachtet: Die Erziehung der Kinder, die Versorgung des Ehemannes erscheinen als nicht mehr gewährleistet, wenn Frauen nicht ihre ganze Kraft dem Hauswesen widmen. Sie müssen darum durch normativen Druck an die Familie gebunden und vom Arbeitsmarkt fern gehalten werden. Dass die Verdrängung aus der Erwerbssphäre vor allem dazu dienen soll, sie als Konkurrentinnen um bezahlte Arbeitsplätze auszuschalten, ist als Motiv in den öffentlichen Erörterungen kaum präsent. Nach Hausen werden Frauen auf diese Weise für gesellschaftliche Zwecke instrumentalisiert, die paternalistische Interessen einschließen: Man personalisiert ein soziales Strukturproblem, die Separierung von Privatheit und Erwerbssystem, indem man es zu einem »Frauenproblem« herunterspielt.[18] Es ist eigentlich eine gesellschaftliche und staatliche Aufgabe, für beide Geschlechter die Existenzsicherung durch bezahlte Arbeit zu gewährleisten und für die Einlösung der vitalen Reproduktionserfordernisse – neben der materiellen Versorgung der Bevölkerung: Prokreation (Fortpflanzung), Regeneration und Erziehung – unter dieser Prämisse Sorge zu tragen. »Vereinbarkeit« wird jedoch durch familienpolitische Entscheidungen in den Verantwortungsbereich von Frauen verlagert. Einseitig nehmen Sozialpolitiker sie in die häusliche Pflicht und postulieren darüber hinaus, dass für Angehörige der weiblichen Genus-Gruppe sich Familienaufgaben und Erwerbstätigkeit wechselseitig ausschließen.[19]

Die Anthropologie des 18. Jahrhunderts erfährt eine frauenfeindliche Zuspitzung, die beide Intentionen begünstigt: Hausarbeit und Kindererziehung an Frauen zu delegieren und sie durch diese Bindung dem Arbeitsmarkt zu entziehen. Die Wesenheiten, die der Frau in der »science de l'homme« zugeschrieben worden waren, verwandeln sich in verdinglichte Attribute (mütterlich, fürsorglich, einfühlend, emotional, sittsam, auf den Nahbereich fixiert usw.). Die Wortführer dieser neuen Lehre behaupten, solche Eigenschaftsprofile seien fest im Inneren der »weiblichen Geschlechtsnatur«, modern gesprochen: in der Psyche von Frauen verankert. Durch Kontrastierung bestimmt sich Männlichkeit. »Wesen« gerinnt zum »Charakter«. Mit der Polarisierung von Geschlechtscharakteren, der zufolge Männer für staatstragende, gesellschaftserhaltende und berufliche Belange befähigt sind, Frauen sich dagegen für pflegende, erzieherische und profane Tätigkeiten in den eigenen vier Wänden eignen, lässt sich ein neuer Frauentypus kreieren und legitimieren: der Typus der »Nur-Hausfrau«. Diese Kopfgeburt hat es vorher als allgemein gültige Leitfigur für das weibliche Geschlecht nicht gegeben. Die Deklaration eines solchen Typus dient an der Wende vom 19. zum 20. Jahrhundert dazu, geschlechtliche Arbeitsteilung zum ersten in der Familie, folgerichtig dann auch in der Erwerbssphäre auf historisch neue Weise zu etablieren. Das Problem für die Sozialpolitiker besteht nicht so sehr darin, dass Frauen für den Familienunterhalt tätig sind. »Weibliche Mithilfe« in Privatbetrieben (auf dem Bauernhof, im Handwerk, im Kleinhandel) war in vorindustriellen Zeiten üblich und akzeptiert; aber außerhäusliche Frauenarbeit, die sich der Kontrolle wie Verfügung des Ehemannes entzieht und damit patriarchale

Positionen in der Familie infrage stellt, ist dazu angetan, den Schrecken einer Kulturkrise zu verbreiten.[20] Das Menetekel, die Familie löse sich auf, wird an die Wand gemalt und Frauen, die erwerbstätig sein müssen und wollen, ein schlechtes Gewissen gemacht. Es soll von nun an in allen sozialen Schichten zum »guten Ton« gehören, als Mann die Familie zu ernähren und als Frau die Angehörigen zu versorgen.[21] Die Beschränkung von »Frausein« auf »Hausfrau-Sein« kann nur Akzeptanz finden, wenn sich positiv konnotierte weibliche Tugenden für ein solches Praxisfeld konstruieren lassen. Und umgekehrt: Privilegien wie Zugang zum Arbeitsmarkt und zu neu entstehenden Professionen, zur politischen Öffentlichkeit und zu kulturellen Eliten, die vorab Angehörigen der männlichen Genus-Gruppe zugestanden werden, müssen durch Befähigungen begründbar sein, die »natürlich« nur dem »Mannsein« zugehören.[22]

Hausen weist darauf hin, welches Beharrungsvermögen solche Rhetoriken haben. Darüber hinaus ist für sie die Frage, »was es mit der Entgegensetzung von Haus / Familie – Erwerb / Beruf gesellschaftlich auf sich hat und warum dieser Gegensatz als privates Dilemma primär von Frauen und nicht von Männern erfahren [...] wird«[23], noch nicht hinlänglich beantwortet.

Gleichzeitig kann von einer ungebrochenen Persistenz dieses Dilemmas nicht die Rede sein. Die Rechnung der Sozial- und Familienpolitiker des 19. Jahrhunderts ging nicht auf. Frauen strömten in den industriellen Arbeitsbereich, in den Dienstleistungssektor, sie drangen in Männerdomänen vor. Gleichstellung im Beruf und eine gerechtere Verteilung der Hausarbeit zwischen den Geschlechtern sind zwar keineswegs zur Selbstverständlichkeit geworden. Aber es gibt doch Bewegung im Geschlechterverhältnis. Außerdem können sich Frauen heute auf Antidiskriminierungsgesetze berufen und Maßnahmen zur Vereinbarkeit von Familie und Beruf einfordern.

Die Frauen- und Geschlechterforschung ist also mit statischen und dynamischen Tendenzen in der sozialen Strukturierung von Geschlechterverhältnissen konfrontiert. Der Blick zurück auf vergangene Geschlechterkonflikte kann die Wahrnehmung dafür sensibilisieren, wo Wandlungsprozesse stattfinden, jedoch auch dafür, wo sich androzentrische Rhetoriken unter neuen geschlechtlichen Machtdifferenzen revitalisieren. Die Inhalte mögen wechseln, weil die Machtmittel sich geändert haben. Aber ihre Funktion könnte die gleiche geblieben sein: Frauen in relevanten Einflusssphären zu marginalisieren. Nehmen wir die moderne naturwissenschaftliche Wissensproduktion, ihre Verschmelzung mit Technik und Ökonomie als Beispiel. Werden in diesem Herrschaftsraum, zu dem Angehörige der weiblichen Genus-Gruppe nicht in gleicher Weise Zugang haben wie die der männlichen, Frauen nicht aufs Neue in ihrer Menschenwürde und in ihren Rechten verletzt? Verwiesen sei auf den Objektstatus von Frauen in der Genetik, in der medizinischen Reproduktionstechnologie, in der pränatalen Diagnostik, wo in einer männlich geprägten und von Männern okkupierten Forschung und Praxis an ihnen vorbei Entscheidungen über die Abtreibung von Föten getroffen, wo Eingriffe in ihren Körper vorgenommen und wo ihre Wünsche, etwa nach einem Kind, merkantilisiert werden.[24]

Die Probleme, auf die in den beiden sozialhistorischen Exkursen eingegangen wurde, haben sich zwar entschärft, sie sind aber nicht erledigt. Fragen nach der geschlechtlichen Rechtsgleichheit sind aktuell geblieben; sie kreisen heute um einen anderen Widerspruch als früher, nämlich um den Widerspruch zwischen der erreichten formalen Gleichstellung der Geschlechter und der noch nicht erreichten faktischen Realisation. (Gerhard 1990) Auch das Spannungsverhältnis zwischen Hausarbeit und Erwerbsarbeit ist nicht verschwunden. Es stellt sich in einer komplexer und vielschichtiger gewordenen Welt, in der im weiblichen Lebenszusammenhang eine Doppelorientierung Normalität geworden ist, differenzierter dar als im 19. Jahrhundert, aber es bedeutet für Frauen immer noch etwas anderes als für Männer.

Ein Fortschritt ist nicht zu übersehen: Es gibt heute eine feministische »scientific community«, die sich die Klärung dieser Komplexe nicht aus der Hand nehmen lässt und die ihre Sicht der Dinge in politische Diskussionen einbringt. Männliche Diskurse haben Konkurrenz bekommen, die ernst zu nehmen ist.

Ehe wir vorstellen, wie der hier aufgespannte Bogen von Recht, Weiblichkeits- und Männlichkeitsstereotypen, geschlechtlicher Arbeitsteilung und der gesellschaftlichen Organisation von Geschlechterverhältnissen – jenseits androzentrischer Wissensproduktion – in aktuellen feministischen Theorien thematisiert wird, sei das Themenspektrum skizziert, in das sich Frauen- und Geschlechterforschung in den Siebziger- und Achtzigerjahren des 20. Jahrhunderts aufgefächert hat.

Anfänge der Frauenforschung und offen gebliebene Fragestellungen in der Geschlechterforschung

Die Naturalisierung der Kategorie »Geschlecht« ist nicht nur Überbleibsel einer negativen Anthropologie des Weiblichen aus verflossenen Epochen. Obwohl sich krude Formen der Biologisierung und Ontologisierung im Laufe der Zeit abgeschliffen haben, wird die Differenz zwischen Frauen und Männern als angeblich unhintergehbares Phänomen immer aufs Neue inszeniert. Und immer noch sind solche Differenzsetzungen für Frauen mit negativen und positiven Diskriminierungen verbunden, die sich instrumentalisieren lassen.

So ist es nicht verwunderlich, dass sich Frauenforscherinnen in den Siebziger- und Achtzigerjahren des 20. Jahrhunderts theoretisch und empirisch intensiv mit der Frage auseinander setzten, ob sich denn die Geschlechter nachweisbar unterscheiden.[25] Verfügen sie über kontrastierende Eigenschaften oder werden ihnen nur unterschiedliche Attribute zugeschrieben? Sitzen wir, wenn wir von »Geschlechterdifferenz« reden, immer noch biologischen und anthropologischen Ideologien auf oder Soziologemen, die sexuelle Fixierungen und durch Sozialisationsprozesse verfestigte Geschlechterrollen überschätzen? Gibt es empirische Befunde, die Geschlechterdifferenzen im sozialen Verhalten, in Dispositionen oder Einstellungen ausweisen? Falls sie sich auffinden lassen – worauf sind sie zurückzuführen? Auf geschlechtsspezifische Erziehung, auf den Einfluss sexuierter Praxen, auf die Verinnerlichung gesellschaftlicher Weiblichkeits- und Männlichkeitsklischees? Frauenforschung stellte mit solchen Fragen der Debatte über klassen- bzw. schichtenspezifische Sozialisation um 1968 eine Diskussion geschlechtsbezogener Erziehungsstrategien zur Seite. Dabei lassen sich zwei Angriffsflächen ausmachen. Zum einen die Ausblendung der Kategorie »Geschlecht« in den Sozialwissenschaften, zum anderen biologische, anthropologische und soziologistische Hypostasierungen von Geschlechterdifferenzen.

Helga Bilden formulierte wichtige Einwände gegen Jürgen Habermas, der in seinem sozialisationstheoretischen Ansatz zwischen Individuationsprozessen von Mädchen und Jungen nicht differenziert, den Frauen dennoch so genannte »weibliche Sekundärtugenden« attestiert.[26] Carol Hagemann-White untersuchte, ob sich die Unterschiede im Verhaltensrepertoire von Frauen und Männern, die in der Sozialforschung immer wieder behauptet werden, überhaupt durch konsistente Forschungsergebnisse belegen lassen. Lediglich im Umgang mit Aggressivität konnte sie Hinweise auf geschlechtsspezifische Attitüden finden. Der Ethnomethodologie verpflichtet, legte sie auch auf einer theoretischen Ebene offen, wie alltagsweltliche Vorurteile unüberprüft in soziologische Hypothesen einfließen, nach denen weibliches und männliches Verhalten durchmustert wird.[27] Dieses Paradox, dass in der Frauenforschung geschlechtsspezifische Subjektpotenziale sowohl erwartet als auch als ideologisch verworfen werden, wird uns im vierten Kapitel noch beschäftigen.

Auf einhellige Ablehnung stieß unter Feministinnen die Naturalisierung von Geschlechterdifferenzen. *Wir werden nicht als Mädchen geboren – wir werden dazu gemacht*, so lautete der Titel eines 1977 erschienenen Buches von Ursula Scheu.[28] Damit wurde auch in der Bundesrepublik die in den USA schon früher entfachte Diskussion darüber aufgenommen, dass »Geschlecht« kein unhintergehbares Schicksal ist, sondern ein Resultat von Erziehung und kulturellen Einflussnahmen.[29] Mit der Unterscheidung »geboren/gemacht« grenzten sich Forscherinnen gegen Positionen ab, die soziale Ungleichheit zwischen Frauen und Männern auf Biologie oder invariante Persönlichkeitsstrukturen zurückführten. Im Eifer des Gefechts wurden hier allerdings die Sozialisationsprozesse manchmal so eindimensional nachgezeichnet, dass kleine Mädchen nur als Opfer von Weiblichkeitsdressuren und Jungen nur als Produkte von Maskulinitätsritualen erscheinen. Dass Kinder und Heranwachsende beiderlei Geschlechts die offiziellen und die heimlichen Lehrpläne, die sie auf die Zugehörigkeit zu *einer* Genus-Gruppe festzulegen versuchen, unterlaufen, dass sich in ihren Spiel- und Lebenskontexten keine rigiden Grenzziehungen zwischen Frauen- und Männerwelten, zwischen weiblichen und männlichen Identifikationsangeboten durchhalten lassen, wurde zu wenig bedacht.

In den Anfängen der US-amerikanischen Frauenforschung lehnten sich viele Projekte, die nach geschlechtsspezifischen Erziehungskonzepten, aber auch nach der geschlechtlichen Arbeitsteilung in der Familie sowie in verschiedenen Berufsfeldern fragten, an die Rollentheorie an. Bald wurde jedoch der naturwissenschaftlich-biologistische Bias des Rollenkonzepts zum Anstoß für Auseinandersetzungen. Auf ihm basieren nämlich affirmative Vorstellungen von asymmetrischen Geschlechterarrangements.

Die Rollentheorie wurde von dem amerikanischen Soziologen Talcott Parsons entwickelt, der Biologie und Medizin studiert hatte, ehe er sich der Soziologie zuwandte. In seinem Funktionalismus stecken systemtheoretische Prämissen, die sich aus seiner Orientierung an der Evolutionstheorie herleiten lassen: Gleichgewichtsmodelle, Annahmen über Überlebensbedingungen und selbstregulative Prozesse aus dem Bereich der Naturgeschichte wurden von ihm umstandslos in gesellschaftliche und individuelle Entwicklungen transferiert. Vor diesem Hintergrund einer prästabilierten Harmonie vertrat er ein mehr oder weniger konfliktfreies Modell sozialer Integration. Der Mensch wird zum sozialen Wesen, indem er Normen und Regeln verinnerlicht, die an spezifische gesellschaftliche Funktionen zurückgebunden sind. Auch die Rollen, die im Rahmen geschlechtlicher Arbeitsteilung Frauen und Männern zugewiesen werden, verteidigte Parsons unter dem Aspekt gesellschaftlicher Zweckmäßigkeit.

Frauenforschung fragte danach, ob solche Zwangsverpflichtungen mit den Bedürfnissen der Menschen übereinstimmen. Damit gerieten Ordnungsvorstellungen, die vor allem Frauen auf einschränkende und einseitige Rollenzuschreibungen einschwören, in eine Legitimationskrise: Es war nicht zu übersehen, dass die propagierte Verteilung von sozialen Aufgaben auf die Geschlechter – Familie als Zuständigkeitsbereich der Frauen, Berufswelt als Betätigungsfeld für Männer – überkommene Geschlechterhierarchien reproduziert.[30]

Die gesellschaftliche Unterdrückung der weiblichen Genus-Gruppe rückte in den Mittelpunkt der Frauenforschung. 1975 erschien in den USA eine Publikation von Rosabeth Kanter und Marcia Millman mit dem Titel *Another Voice*.[31] In diesem Aufsatzband versammelten sich Stimmen von Wissenschaftlerinnen, die die Engführungen im Mainstream des akademischen Betriebes angriffen. *Another Voice* machte klar, dass feministische Problemstellungen entstanden waren, die Anlass sein sollten, die Sozialwissenschaften gründlich zu transformieren. Provokante Fragen wurden laut: Welche soziale Stellung haben in modernen westlichen Gesellschaften Frauen im Vergleich zu Männern? Mit der Einsicht in geschlechtliche Ungleichheitslagen trat zur Klassentrennung der »gender split« als soziales Gliederungsprinzip von hierarchischen Sozialgefügen hinzu. Der erwerbszentrierte Arbeitsbegriff erwies sich als unhaltbar; Lücken in Theorien der gesellschaftlichen Reproduktion wurden sichtbar gemacht: Warum zählten Hausarbeit und Subsistenzarbeit bisher nicht zu den gesellschaftlich notwendigen Tätigkeiten in der Aufrechterhaltung sozialer Kreisläufe? Warum war Prokreation, das wichtigste Element des Bevölkerungsbestandes, kein zentrales Thema in den Sozialwissenschaften? Es wurden weitere Untersuchungsfelder erschlossen: weibliche Sexualität und Körpererfahrung, Sexismus, Gewalt gegen Frauen, Selbstbestimmung und Geburtenkontrolle, Frauenunterdrückung und die Geschichte des Rechts, Frauenbewegung und Widerstand. Das Verhältnis von Macht und Geschlecht wurde zum Fokus der politischen Orientierung, die Mikropolitiken in diversen sozialen Bereichen zum weit verzweigten Gegenstand feministischer Sozialwissenschaft.

In den genannten Themen bekundeten sich keineswegs nur wissenschaftliche Interessen, sie waren in starkem Maße auf praxisnahe Fragestellungen der Frauenbewegung bezogen. Diese Verknüpfung von sozialer Bewegung und emanzipatorischer feministischer Wissenschaft setzte neue Akzente. Es konnte der Frauenforschung nicht nur um den Nachweis aktueller Frauendiskriminierung gehen, nicht nur um die Aufhellung zurückliegender Frauenunterdrückung. Es kam darauf an, Terrain für Frauen als gesellschaftliche und historische Subjekte zu schaffen, sie in ihren sozialen Aktivitäten ernst zu nehmen.

Da Frauen nicht nur Opfer bisheriger Geschichte sind und sein wollen, gehört zur Frauenforschung von Anbeginn auch die Suche nach ihrem Anteil am Zivilisationsprozess, der in der von Männern geschriebenen Geschichte ausgespart worden ist. Dieser Rückblick ist gegenwarts- und zukunftsbezogen: Mit welchen Strategien können Frauen die Welt zu ihren Gunsten und zum Vorteil aller verändern, welche weiblichen Vorbilder gibt es für ihre Emanzipationsanstrengungen? Die Beschäftigung mit der eigenen aktiven Rolle in der Gesellschaftsentwicklung schließt ein, den eigenen Anteil an patriarchaler Unterdrückung – durch Allianzen, durch Duldung – zu reflektieren und sich der Mitverantwortung für historische Katastrophen wie den Faschismus zu stellen.[32]

Geschlechterforschung – eine Ausdifferenzierung der Frauenforschung

Mitte der Achtzigerjahre nannte Ursula Beer »Geschlecht« eine »Strukturkategorie«.[33] Diese Formulierung lässt sich gegen zu kurz greifende oder zu einseitige Ansätze in der Frauenforschung wenden. Sie nötigt dazu, über jene Vorstellungen hinauszugehen, die Geschlechtsspezifik rollentheoretisch zu bestimmen suchen: Zum Frausein oder Mannsein gehöre jeweils ein Verhaltensrepertoire, das mit der geschlechtlichen Arbeitsteilung korrespondiere. Es reicht auch nicht aus, die Geschlechter als soziale Konstruktionen von Weiblichkeit oder Männlichkeit aufzufassen, welche in die symbolische Ordnung eingeschrieben sind. »Geschlecht« ist nicht nur Bezugspunkt für Klassifikationen, durch die Menschen eindimensional sexuiert und in polarisierte Genus-Gruppen gezwängt werden.

Beer betont dagegen eine andere Dimension: die strukturierende Wirkung, die von der sozialen (Unter-)Scheidung der Geschlechter unter dem Aspekt ihrer gesellschaftlichen Ungleichheit ausgeht. Entlang dieser Trennlinie bilden sich sozioökonomische und politische Gefälle zwischen Frauen und Männern heraus, die sich herrschaftskonform in das übergreifende Sozialgefüge einpassen. Beer insistiert in ihrer Untersuchung *Geschlecht, Struktur, Geschichte* darauf, dass »alle unsere bekannten Kulturgebilde auf Geschlechterungleichheit beruhen«[34]. Sie belegt am Beispiel des Übergangs vom 19. zum 20. Jahrhundert in Preußen, in welchem Ausmaß die sich neu formierende Gesellschaft – trotz des sozialen Wandels vom agrarisch-handwerklichen Feudalismus zum industriellen Kapitalismus – weiterhin durch traditionelle Geschlechterhierarchien geprägt ist. Die Rangordnung der Geschlechter gehört neben der Gliederung nach Klassen zur Sozialstruktur; die Bevormundung von Frauen durch männliche Kontrolle von unehelichen Geburten und von Abtreibungen bleibt Kennzeichen einer patriarchalen Bevölkerungspolitik; die gesellschaftliche Reproduktion hat ganz wesentlich geschlechtliche Arbeitsteilung zur Voraussetzung; ökonomische, kulturelle und politische Machtverhältnisse sind männerbündisch organisiert.

In der Wendung »Geschlecht als Strukturkategorie« deutet

sich eine generelle theoretische und methodische Verschiebung an. Die soziale Bezogenheit der Geschlechter wird relevant, und zwar im Kontext von sozialgeschichtlich situierten Gesellschaften. So differenzieren sich Frauenforschung, Geschlechterforschung und – als Weiterung – die Beschäftigung mit Geschlechterverhältnissen als Facetten feministischer Theoriebildung aus.

Wiewohl es fließende Übergänge gibt, lassen sich Akzentsetzungen ausfindig machen. Frauenforschung konzentriert sich auf die Angehörigen der weiblichen Genus-Gruppe, um zum einen die Bedeutung ihrer Erfahrungen und ihres Wissens bei der Einrichtung von sozialen Räumen herauszuarbeiten und ihre Rolle in der Kulturgeschichte sowie der Wissenschaftsentwicklung wider alles Vergessen in Erinnerung zu bringen. Zum anderen deckt sie die Diskriminierungen auf, die Frauen zugemutet werden. Dabei berücksichtigt sie Unterschiede in den Lebenssituationen von Frauen, die auf Differenzen der sozialen und kulturellen Herkunft oder der Hautfarbe zurückzuführen sind. Das heißt nicht, dass auf das männliche Geschlecht kein Bezug genommen würde; es erscheint als Gegenpart und Kontrast, als Machtfaktor und als Folie der Abgrenzung.

Die Geschlechterforschung nimmt dagegen, wenn es um die gesellschaftliche Benachteiligung von Frauen geht, eine andere, vergleichende Perspektive ein. Die männliche Genus-Gruppe ist konsequenterweise vorrangiger Referenzpunkt von Aussagen über geschlechtliche Ungleichheitslagen.[35] Präzise Einsichten in die soziale Ungleichbehandlung, von der Frauen *aufgrund ihres sozialen Geschlechts* betroffen sind, lassen sich logischerweise nur gewinnen, wenn die Bevorzugungen beim Namen genannt werden, die jene Personen genießen, welche als Männer in die Gesellschaft eintreten. Die Tatsache, dass beide Genus-Gruppen heterogen zusammengesetzt sind, kann schon aus methodischen Erfordernissen nicht außer Acht gelassen werden. Wenn es um die Untersuchung geschlechtlicher Diskriminierung geht, müssen die entsprechenden Frauen- und Männergruppen in Hinblick auf andere Kriterien der gesellschaftlichen Stellung und Bewertung vergleichbar sein.

Geschlechterforschung ist keine Alternative zur Frauenforschung; es hängt von der Fragestellung ab, welcher Zugang zu wählen ist. Kritische Einwände gibt es gegen beide Ansätze. Frauenforschung kann in die Gefahr geraten, in Bindestrich-Soziologien wie »Frauen und Arbeit«, »Frauen und Bildung«, »Frauen und Kultur«, »Frauen und Macht« stecken zu bleiben. Aus der soziologischen Analyse fällt dann heraus, wie geschlechtliche Ungleichbehandlung, die wir in *einem* gesellschaftlichen Bereich vorfinden, sich mit Nachrangigkeit in *anderen* verbindet. Des Weiteren werden die Bezugspunkte für die Diagnose von Frauenbenachteiligung – nämlich: Männerprivilegien – nicht transparent.

Auch an der Geschlechterforschung ist Kritik laut geworden: Sie verliere ihre Verbindung zu feministischen Positionen und zur Frauenbewegung, wenn das Erkenntnisinteresse zu akademisch werde und der Stachel der Kritik, der sich gegen soziale Ungerechtigkeit wendet, abstumpfe. Es sei auch nicht auszuschließen, dass Geschlechterforschung von Wissenschaftlern im Dienste von Männern betrieben wird. Diese Kritik fordert dazu heraus, genauer zu bestimmen, was feministische Forschung inhaltlich und methodisch kennzeichnet und sachhaltig macht. Karin Hausen und Heide Wunder haben in ihrer Einleitung zu dem Band *Frauengeschichte – Geschlechtergeschichte* kurz und prägnant formuliert, worauf die Unterscheidung von Frauen- und Geschlechterforschung hinausläuft. Sie schreiben:

»Frauengeschichte, sofern sie methodisch reflektiert und wissenschaftlich fundiert erarbeitet wird und mehr sein will als nur eine Neuauflage der beliebten Kulturgeschichte der Frau im 19. und 20. Jahrhundert, kommt nicht umhin, sich als Geschlechtergeschichte zu verstehen. Selbst wenn der Fokus der Untersuchung auf eine bestimmte Gruppe von Frauen gerichtet ist, müssen die Frauen dennoch immer auch als Menschen weiblichen Geschlechts und damit in Beziehung zum männlichen Geschlecht gedacht und beobachtet werden. Denn Frauen und Männer leben eingebunden in die jeweils gültigen kulturellen Ordnungen der bislang noch hierarchisch konstruierten Geschlechterverhältnisse, die alle gesellschaftlichen Bereiche durchdringen. Dementsprechend ging das Interesse der Frauengeschichte von Anfang an einher mit der Absicht, auch die Geschichte der kulturellen Geschlechterordnung zu erforschen.«[36]

Mit dem Hinweis auf »Relationalität« ist nicht nur das Stichwort für die Geschlechterforschung gegeben. »Relationalität« wird auch zu einem zentralen Begriff in der Erforschung von Geschlechterverhältnissen.

Stück für Stück erschließen sich in feministischen Theorien die Implikationen dieser Bestimmung. Darum sei, ehe Ansätze der Geschlechterverhältnisforschung behandelt werden, einigen Fragen nachgegangen. Wie muss der Begriff »Relationalität« entfaltet werden, damit die konkrete Konfiguration von Geschlechterbeziehungen je nach geschichtlichen und soziokulturellen Gegebenheiten in Erscheinung treten kann? Die Geschlechter stoßen innerhalb einer Gesellschaft in verschiedenen Sphären (Familie, Ausbildungssystem, Arbeitsmarkt, Erwerbsstruktur, Sozialstaat) als »soziale Größen« aufeinander. Gestaltet sich die Art und Weise, wie sie zueinander in Relation gesetzt werden, in all diesen gesellschaftlichen Bereichen nach demselben Bewertungsmuster? Wenn ja: Sind Modi der Bezogenheit zu einem Nexus verknüpft, den wir als ein *soziales Verhältnis* entziffern können?

Relation, Konnexion, Nexus im Geschlechterverhältnis[37]

Klären wir genauer ab, was der Begriff »Relationalität« impliziert: Zum einen geben Relationen die Elemente, die Relata an, die wie Größen in einer Gleichung zueinander in Beziehung treten. In unserem Fall sind das Frauen und Männer, die als Genus-Gruppen aufgefasst werden. Zum zweiten geht es um die Kontexte, innerhalb deren die Genus-Gruppen, wenn sie nicht gleichgestellt sind, in ein Wechselverhältnis der Auf- und Abwertung geraten. Wechselbezüge zwischen den Genus-Gruppen haben vielfältige Knotenpunkte, z.B. Verwandtschafts-, Liebes- und Kooperationsbeziehungen oder ökonomische, kulturelle und politische Konditionen, die über Aneignungs- und Anerkennungschancen von Frauen bzw. Männern entscheiden.

Solche Konstellationen beruhen keineswegs in allen Gesellschaften auf den gleichen Ordnungsprinzipien. Wir finden im Kulturvergleich Relationen der Ähnlichkeit und Differenz, der Symmetrie und Asymmetrie, der Gleichstellung und Hierarchisierung, der Einbeziehung und Ausschließung. Historische Untersuchungen können – innerhalb eines kulturellen Traditionszusammenhangs – Veränderungen von Epoche zu Epoche zutage fördern. Das heißt: Die Ausgestaltung von Bezogenheiten zwischen den Geschlechtern ist geschichts- und gesellschaftsabhängig.[38]

Mit dem Hinweis auf die Notwendigkeit, »Relationalität« historisch und soziologisch zu kontextualisieren, kommen wir zu einer weiteren Bedeutungsschicht dieses Begriffs. Er gibt nicht nur an, was in Beziehung zueinander tritt, sondern auch, wie die Beziehung zwischen den Relata strukturiert ist. Welche Gewichtung oder Bewertung kommt den einzelnen Elementen zu, was sind die Maßstäbe für diese Festlegungen, welchen Modalitäten bzw. Bedingungen folgen sie? Auf derlei Fragen finden wir Antworten, wenn wir nach den Verhältnisbestimmungen suchen, die kennzeichnend für eine Relation sind. Von ihnen hängt ab, ob die Genus-Gruppen gleiche Geltung haben oder ob einem der beiden Geschlechter eine Überwertigkeit zugemessen wird. Solche Verhältnisbestimmungen der Symmetrie oder Asymmetrie, der Egalität oder Disparität können wir als »Konnexionen« bezeichnen.

Der Begriff »Konnexion« verweist gleichermaßen auf Struktur und Handeln. In ihm steckt sowohl »nexus«, was soviel wie Verbindung, Zusammenfügung, Verschlingung heißt, als auch »nectere«, das Verb für »knüpfen« und »verflechten«. Konnexionen beziehen sich demnach sowohl auf die Modalitäten, die durch Denken und Tun gestiftet werden, als auch auf die gesellschaftlichen Arrangements, in die Handeln eingebettet ist.

Die Untersuchung von Konnexionen gibt also einerseits Auskunft über die Ausrichtung und die gesellschaftliche Ausgestaltung des Rapports, der zwischen den Genus-Gruppen besteht. Zum anderen wirft ihre Analyse Licht auf die Formen der Auseinandersetzung, in denen Frauen und Männer um die Wertschätzung und soziale Stellung kämpfen, die ihnen ihrem eigenen Anspruch nach gebühren. Herrschen in der sozialen Beziehung zwischen den Genus-Gruppen Konnexionen vor, die Rangordnungen etablieren, so impliziert die Kontroverse um gesellschaftliche Gleichstellung soziale Konflikte, die zu Legitimationskrisen und zur Organisation von Widerstand führen können. Eine solidarische Verbindung zwischen ihnen kann sich dagegen in einer ausgeglichenen Reziprozität oder in einer Komplementarität ausdrücken, die Unterschiedlichkeit – etwa der Frauen oder Männern zugewiesenen Praxen – vorsieht, ohne diese jedoch zu hierarchisieren.[39]

Zum Zusammenhang von Rechtsordnungen, Geschlechterordnungen und gesellschaftlicher Reproduktion

Wie aus der Zusammenfügung gleichgerichteter Konnexionen über die Grenzen von privaten und öffentlichen Räumen hinweg *ein* institutioneller Zusammenhang, ein Nexus entsteht, lässt sich an einem Ausschnitt aus Ursula Beers komplexer Analyse in *Geschlecht, Struktur, Geschichte* konkretisieren. Es geht um die Bedeutung von Rechtssystemen für die gesellschaftliche Regulation von Geschlechterbeziehungen.

Beer versteht den Rechtskomplex, auf den sie sich bezieht – Familien-, Gesinde- und Dienstvertragsrecht –, als »*Ausdruck* der Struktur von Produktionsverhältnissen«[40]. Ausgangspunkt ihrer Untersuchung ist hier die weitgehende Übernahme des Allgemeinen Preußischen Landrechts von 1794, der Grundlage für die Geschlechterordnungen innerhalb agrarisch-ständischer Verhältnisse, in das 1900 eingeführte Bürgerliche Gesetzbuch, das die Befugnisse von Männern und Frauen in der Familie, auf dem Arbeitsmarkt und in der Eigentumsbildung unter den neuen Bedingungen des Industriezeitalters kanonisiert. Trotz der grundlegenden Umstrukturierung der deutschen Gesellschaft um die Jahrhundertwende ändert das BGB am ungleichen Rechtsstatus von Frauen und Männern wenig. Der in feudalen Kontexten entstandene und dort rechtlich abgesicherte Patriarchalismus lebt mit leichten Abwandlungen in der Moderne fort. Bis weit ins 20. Jahrhundert legitimieren Gesetze, dass Familienvorstände bzw. Ehemänner über den Einsatz der weiblichen Arbeitskraft zu entscheiden haben, dass allein sie geschäftsfähig sind und die Privatbelange nach außen vertreten. Die Bindung der Frauen an die Familie durch materielle Abhängigkeit innerhalb von Eheverhältnissen wird festgeschrieben. Das schließt ein, Frauen auf Hausarbeit, Kinderversorgung und Erziehung zu verpflichten.[41]

Beer arbeitet heraus, welche Ziele die bürgerliche Gesetzgebung um die Jahrhundertwende verfolgte: Man wollte erstens Frauen für die Regeneration der Ware Arbeitskraft und für die generative Reproduktion der Bevölkerung verfügbar halten und damit die Kosten für Haushaltung und den gesellschaftlichen Faktor »Prokreation« minimieren. Dieses dem Kapitalismus immanente Interesse stimmte mit einem männlichen überein: Wurde Frauenarbeit als unbezahlte Hausarbeit definiert, so konnte im Umkehrschluss gelten: Männerarbeit ist Erwerbsarbeit. Die Deckung des Familienbudgets vorrangig über den Lohn des Mannes räumte ihm in der Konsequenz dieser Logik die Position des Haupternährers der Familie ein und stärkte somit seine Autorität als Hausherr. Zweitens sollte die Ausschließung von Frauen aus existenzsichernden Beschäftigungsverhältnissen die männliche Superiorität auf dem Arbeitsmarkt garantieren.

Wir haben es hier demnach mit einer männerbündischen Interessenverflechtung zu tun, die auch gesellschaftlich funktional erschien: In der bürgerlichen Verfassung war intendiert, die Vormachtstellung der männlichen Genus-Gruppe in der Familie mit der auf dem Arbeitsmarkt zu verknüpfen. Wir können an der Untersuchung von Beer studieren, unter welchen gesellschaftlichen Bedingungen und aufgrund welcher Interessenlagen das Geschlechterverhältnis jene imparitäre Gestalt annimmt, welche für die Moderne kennzeichnend ist.

Die Trennung von Privatsphäre und Erwerbsbereich, die sich im Zuge der Industrialisierung durch die räumliche Dissoziation von Lebenswelten und Stätten der Lohnarbeit für die Mehrheit der Bevölkerung durchgesetzt hatte, zeitigte für Frauen fatale Folgen: die Verpflichtung auf die häuslichen Tätigkeiten und die Einschränkung von beruflichen Möglichkeiten. Den Männern, die die Legislative in der Hand hatten, gelang es dagegen, ihre Vorrangstellung doppelt abzusichern, indem sie das gesellschaftlich Unterschiedene, nämlich Familienbelange und Zugang zum Arbeitsmarkt, durch ein einheitliches, juridisch gleichsinniges Prinzip verbanden. Die Unterstellung des weiblichen Geschlechts unter die Vormundschaft eines Familienvorstandes bzw. Ehemanns gewährleistete, dass die Lebensverhältnisse von Frauen in all ihren Dimensionen der Kontrolle des Paterfamilias unterlagen. In allen drei Codices – Eigentums-, Familien- und Arbeitsrecht – wurde darauf abgehoben, dass der Ehemann über die Arbeitskraft »seiner« Frau verfügen konnte. Damit war das doppelte Ziel erreicht: die Frau in ihrer Existenzsicherung an den Ehemann zu binden und ihm die Macht einzuräumen, über sie in allen Stücken zu bestimmen. Sexualität, Haushaltung, marktvermittelte Arbeit, alles wurde in sein Belieben gestellt. Vom patriarchalen Familienrecht profitierten nicht nur die bürgerlichen Ehemänner, sondern auch die proletarischen. Durch das BGB griff die Patriarchalisierung der Familie auf alle Klassen über.[42]

In den Kontext ihrer Gesamtuntersuchung gestellt, machen die rechtssoziologischen Analysen von Beer plausibel, dass es weder möglich ist, die gesellschaftliche Stellung des weiblichen Geschlechts allein von der Familie her zu bestimmen, so konstitutiv diese Institution für die Ungleichheitslagen der Genus-Gruppen auch sein mag. Noch lassen sich Veränderungen im Geschlechterverhältnis ausschließlich aus den Entwicklungen ableiten, die mit der Durchsetzung der kapitalistischen Produktionsweise zusammenhängen. Im Nexus »Rechtssystem« wird die Mehrdimensionalität des Phänomens »Frauenunterdrückung« deutlich: Ein androzentrischer Machtanspruch konvergiert mit kapitalistischen Herrschaftsinteressen. Diese Fusion bewirkt – und zwar klassenübergreifend – die Gleichgerichtetheit der Konnexionen, die wir zuungunsten von Frauen in den verschiedenen Geschlechterarrangements unserer Kultur vorfinden. Damit stellt sich die Frage, ob nicht »Geschlecht« bei der Interferenz von Ungleichheitslagen eine Bedeutung erster Ordnung zukommt. In der weiblichen Genusgruppe häufen sich Diskriminierungen und Benachteiligungen wie in keiner anderen sozialen Population.

Wenden wir uns der anderen, der handlungstheoretischen Seite des Begriffs »Konnexion« zu. Verhältnisbestimmungen sind nicht nur geworden und als solche gesellschaftlich vorgegeben, sie werden auch gemacht, ausgehandelt, verändert. Bleiben wir bei der Problematik »Geschlechterhierarchie und Rechtsgeschichte«, und betrachten wir sie diesmal aus der Akteursperspektive.

Diesen Zugang hat vor allem Ute Gerhard eröffnet, indem sie nicht nur Rechtsmaterien auf ihr Gender-Bias hin untersucht, sondern ebenso die konflikthaften Aushandlungsprozesse um geschlechtliche Rechtsgleichheit ins Auge fasst. Unter diesem Blickwinkel, der sich auf die Kontrahenten im Kampf um Gerechtigkeit richtet, bringt sie die Geschichte der Frauenbewegung ins Spiel. Frauen sind nicht nur Objekte des Rechtswesens, das Beer in seiner feudal-patriarchalen und kapitalistisch-androzentrischen Gewaltförmigkeit offen gelegt hat, sie erzwingen auch Revisionen desselben. Gerhard verweist auf den widersprüchlichen Charakter des bürgerlichen Rechts, welcher der Frauenbewegung den Anstoß gab, sich vehement für die Gleichstellung der Geschlechter einzusetzen.

Einerseits verbriefte es in seiner freiheitlichen Wendung gegen das Ancien Régime Ansprüche auf Schutz vor obrigkeitlichen und privaten Übergriffen, auf Gleichbehandlung aller Individuen und auf Beachtung der Menschenwürde. Andererseits war es ein Herrschaftsmittel, das sich zum Zweck der Verteidigung von Machtpositionen einsetzen ließ. Diese Zwiespältigkeit trat in der revolutionären Forderung nach »Freiheit, Gleichheit,

Brüderlichkeit« vor allem dadurch zutage, dass diese die andere Hälfte der Menschheit, die schwesterliche, völlig ignorierte. Darauf reagierte die Frauenbewegung.

»Für den Zeitraum des ausgehenden 18. und die ersten Jahrzehnte des 19. Jahrhunderts konstatiert U. Gerhard eine ›Legitimationskrise‹ patriarchaler Herrschaft. Diese ist nicht nur auf die mit dem Wandel der Produktionsweise einhergehenden strukturellen Veränderungen zurückzuführen, sondern auch darauf, daß die aus der Aufklärung entspringenden Ideen von Gleichheit, Freiheit und Gerechtigkeit als soziale und politische Forderungen eine eigene Dynamik gewannen und Ansatzpunkte für Frauen boten, ein Recht auf Gleichheit einzuklagen. Die auf Gewohnheit beruhenden Legitimationen der Ungleichbehandlung und Unterordnung von Frauen trugen nicht mehr und mußten durch neue Legitimationsmuster ersetzt werden.«[43]

Gerhard verhehlt nicht, dass Frauen in der Rechtsgeschichte keineswegs nur als Agentinnen der Modernisierung auftraten. Sie fügten sich auch den Geschlechterordnungen und trugen durch die Akzeptanz normativ gesetzter Geschlechterklischees zur repressiven Gestaltung von Gender-Relationen bei.[44] Doch ist nicht zu übersehen, dass mit der sozialen Auseinandersetzung mit der frühen Frauenbewegung wichtige Schritte für den Abbau patriarchaler Machtpositionen eingeleitet wurden: Einschränkungen, denen Frauen als Rechtssubjekte unterlagen, mussten schließlich im 20. Jahrhundert immer mehr zurückgenommen werden.[45] Widersprüche zwischen Normativität und Faktizität, zwischen Fortschritten in einzelnen Geschlechterarrangements und Rückständigkeiten in anderen sind die Angriffsflächen von Frauenpolitik geblieben.

In den letzten Jahren sind neue gesellschaftliche Problemfelder zum Gegenstand einer feministischen Gesellschaftskritik geworden, die auch zu neuen Theorieanstößen geführt haben. Sie reagieren alle auf soziologische oder politikwissenschaftliche Analysen, die sich zwar zeitdiagnostisch mit sozialen Umstrukturierungen beschäftigen, dabei aber Transformationen im Geschlechterverhältnis, in Geschlechterverträgen oder in den Bedingungen von (weiblicher und männlicher) Subjektivitätskonstitution ausblenden. Brigitte Aulenbacher (2005) hat zeigen können, wie begrenzt Aussagen über Modernisierungsprozesse ausfallen, wenn Rationalisierungsprozesse in einer androzentrischen Perspektive in den Blick genommen werden. In den Rationalitätsparadigmen der Arbeits- und Industriesoziologie kommen weder die Ungleichheitsdimensionen in der geschlechtlichen Arbeitsteilung noch die engendering-Prozesse im Beschäftigungssystem noch die Auswirkungen von intensivierten Berufsanforderungen auf die Doppelbelastung von Frauen zur Sprache. Bezogen auf Modernisierungstheorien war nicht nur der gender-bias Anlass für Kritik, sondern auch die starke Zentrierung auf den Westen, die erst im Zuge der Debatte um »Multiple Modernities« relativiert wurde. Das macht Irene Dölling (2006) deutlich, indem sie anhand der unterschiedlichen Gestaltung von Geschlechterverträgen in West- und Ostdeutschland zwei Wege in die gesellschaftliche Moderne herausarbeitet. Vor dem Hintergrund aktueller Entwicklungsdynamiken im Bereich der Erwerbsarbeit, welche durch die Stichworte »Subjektivierung der Arbeit« und »Erosion von Grenzziehungen zwischen Privatsphäre und Beschäftigungssystem« gekennzeichnet sind, hat Kerstin Jürgens (2006) entfaltet, wie sich die Industrie- und Arbeitssoziologie sowie die Analysen zur alltagsweltlichen Lebensführung verändern müssten, um dem dilemmatischen Verhältnis von Arbeit und Leben im neoliberalen Kapitalismus auf die Spur zu kommen. In diesen Kontext gehören auch die feministischen Diskurse, welche nach den gesellschaftlichen Konsequenzen einer wissenschaftlichen wie realpolitischen Vernachlässigung der privaten Reproduktionssphäre bzw. den Erosionen fragen, die in der Institution »Familie« zu beobachten sind. (Krüger 2003: 2006; Becker-Schmidt 2007) Nicht nur die Konturen von gesellschaftlichen Krisen werden schärfer, wenn geschlechtliche Ungleichheitslagen und Frauendiskriminierung aufgedeckt werden. Die geschlechtliche Strukturierung des Staates, deren Implikationen für Staatstheorien, Rechtsstaatlichkeit, Demokratie, Wohlfahrtstaatsregimes von der feministischen Politikwissenschaft analysiert worden sind (Kreisky/Sauer 1998; Sauer 2001; Wilde 2001), wirkt sich in allen Politikfeldern aus. Ohne eine Geschlechtersperspektive können daher auch gegenwärtige Veränderungen von Staatlichkeit und Verschiebungen im Verhältnis von Öffentlichkeit und Privatheit nicht angemessen begriffen werden (Sauer 2001).

Ziehen wir ein Resümee und halten fest, wieweit wir uns in der Auseinandersetzung mit zwei wichtigen Positionen der feministischen Forschung dem Begriff »Geschlechterverhältnis« genähert haben.

Mit Sicherheit können wir sagen, dass sich die gesellschaftliche Stellung von Frauen und von Männern nicht am Status in *einem* sozialen Sektor festmachen lässt. Die Positionierung qua Geschlechtszugehörigkeit in einer Sphäre hat vielmehr Auswirkungen auf die Stellung in anderen. Das gilt positiv wie negativ: Wo die Idee von Gleichheit zwischen den Geschlechtern gesellschaftlich konsensfähig ist, wird es wohl keine sozial relevanten Bereiche geben, in denen die Verletzung von Gleichheitsgeboten nicht Antidiskriminierungsmaßnahmen nach sich zieht. Wo die Diskriminierung von Frauen sich dagegen an Dreh- und Angelpunkten sozialer Partizipation und Existenzsicherung festmachen lässt – etwa in einem Rechtswesen, das Unverhältnismäßigkeiten in der geschlechtlichen Arbeits- und Autoritätsverteilung legitimiert –, da ist es unwahrscheinlich, dass die Logik in der Organisation von Geschlechterarrangements von Institution zu Institution wechselt. Es bedarf also nicht nur der Klärung, unter welchen Umständen geschlechtliche Schieflagen in einzelnen gesellschaftlichen Bereichen, z.B. im Ausbildungssystem, zustande kommen, sondern darüber hinaus, durch welche Modalitäten sich gegen Frauen gerichtete Benachteiligungsstrukturen über einzelne soziale Sphären wie Familie, Arbeitsmarkt und Sozialstaat hinweg verketten.

Es ließ sich auch zeigen, wo der Ansatzpunkt für übergreifende disparitäre Konnexionen liegt: Er liegt in der Wechselwirkung zwischen der kulturellen Konstruktion von Differenz, die sich auf eine ungleiche Bewertung von Weiblichkeit und Männlichkeit stützt, und den Allokationsprozessen, durch welche Geschlechterhierarchien entstehen. Die Verknüpfung der vielfältig institutionalisierten Geschlechterarrangements auf beiden Ebenen, der ideellen wie der materiellen, ist sicher wesentlich für die Konsolidierung dessen, was wir ein »Geschlechterverhältnis« nennen. Aber es fehlt noch ein wichtiges Moment in der Bestimmung dieses gesellschaftlichen Zusammenhangs.

Relationalität und soziale Verhältnisse

Gehen wir einen Schritt weiter und fragen danach, wie die jeweiligen Lebensbedingungen der beiden Genus-Gruppen soziostrukturell miteinander verflochten sind. Ziehen wir die Verschränkung von genderspezifischen sozialen Lagen in Betracht, dann führt uns der Begriff »Relationalität« in einer gesellschaftstheoretischen Perspektive zu dem, was wir bestimmen wollen: zur Beziehungsstruktur zwischen den Genus-Gruppen im Sinne eines sozialen Verhältnisses. »Relationalität« gibt dann nicht nur den Maßstab ab, mit dem die Positionen und Aufgabenfelder für die sozialen Geschlechter abgesteckt werden. Sie ist in diesem Kontext ein Medium von Herrschaft, das Konstellationen der gesellschaftlichen Abhängigkeit stiftet. Wir können auch sagen: »Relationalität« hat eine strukturgebende Funktion, indem sie Interdependenzen innerhalb des sozialen Statusgefüges schafft. Menschen, die nach bestimmten Kriterien zu sozialen Gesamtheiten zusammengefasst sind, oder Sphären, die arbeitsteilig den gesellschaftlichen Reproduktionsprozess gewährleisten, werden auf dialektische Weise miteinander verkoppelt: Kein Element einer Relation hat seine eigene Identität, es ist immer auch das Nicht-Identische des anderen; keines hat als selbstständiges seine soziale Stellung in der Gesellschaft, sondern jedes gewinnt sie erst aus der Entgegensetzung zum anderen. »Relationalität« in diesem sozialwissenschaftlichen Verständnis ist das Konstituens eines sozialen Verhältnisses, in dem die Verteilung von Eigentum und Arbeitsformen, Positionen und Macht geregelt ist. Lassen wir die Ordnung der gesellschaftlichen Sektoren erst einmal beiseite, so können wir ein soziales Verhältnis als ein Beziehungsgeflecht verstehen, in das gegeneinander abgegrenzte Klassen oder Gruppen so eingegliedert sind, dass sie – trotz Sonderung – in einem Verweisungszusammenhang stehen.

Ein soziales Verhältnis mag symmetrisch oder asymmetrisch, ausgeglichen oder antagonistisch sein, immer ist es durch ein Ensemble von Konnexionen gekennzeichnet, das Gesellschaft formiert und gliedert. Die Genus-Gruppen unterliegen in unserer Kultur einer Verschränkung, die Opposition und Abhängigkeit gleichermaßen umfasst. Ungeachtet der Reziprozität gibt es Machtgefälle und Statusdifferenzen. Deshalb können wir sagen, »Geschlecht« sei ein zentraler Bezugspunkt sozialer Schichtung. Dabei gibt der Rang des einen Geschlechts nicht nur den Maßstab für den des anderen ab; dieser Begriff impliziert darüber hinaus die Verschränkung ihrer gesellschaftlichen Positionen.

Das lässt sich, an späterer Stelle, an der strukturellen Bedeutung von Paarbeziehungen konkretisieren.

Die gesellschaftliche Formbestimmung[46] von »gender relations« hat politische Implikationen. Ist ein Geschlechterverhältnis durch Über- und Unterordnung markiert, so haben wir es mit einem Phänomen gesellschaftlicher Herrschaft und sozialen Zwangs zu tun. Unterdrückung und Dominanz können nur dann außer Kraft gesetzt werden, wenn der gesamte Nexus hierarchischer Beziehungen entflochten wird. Damit ist nicht gesagt, dass ein herrschaftsförmiges Geschlechterverhältnis statischen Charakter hätte, im Gegenteil. Geschlechterungleichheit widerspricht Geschlechterdemokratie, einem im Grundgesetz formulierten Anspruch unserer Gesellschaft. Konflikte sind unvermeidlich: Soziale Entwicklungen zugunsten von Frauen, die diesem Anspruch folgen, tangieren männliche Ansprüche auf Vorrangstellung. Im Wechsel von Angriff und Verteidigung entstehen Risse in diesem Herrschaftsgefüge, die sich auf Dauer nicht kitten lassen. Ein traditionelles Geschlechterverhältnis kann zudem angesichts sozialer Dynamiken gesellschaftlich dysfunktional werden, und zwischen einzelnen Geschlechterarrangements können Diskrepanzen entstehen.

Karin Gottschall hat darauf hingewiesen, dass im Ausbildungswesen und auf dem Arbeitsmarkt Probleme aufgetaucht sind, die die Begründung und Funktionalität geschlechtlicher Ungleichbehandlung infrage stellen: »So läßt sich die strukturelle Benachteiligung von Frauenarbeit im Erwerbssystem erstens nicht mehr vorrangig auf Bildungsdefizite und Familienorientierung der Frauen zurückführen. Sie erweist sich zweitens auf Betriebs- und Branchenebene – im Kontext von Rationalisierung und Reorganisation, neuen gesellschaftlichen Ansprüchen an Dienstleistungsqualität und neuen Formen von Arbeitsbewußtsein – keineswegs mehr durchgängig als funktional;

insbesondere stößt die in typischen Fraueneinsatzfeldern (Verkauf, Krankenpflege, Sozial- und Erziehungsbereich) tradierte Deprofessionalisierung an Grenzen.«[47] Tilla Siegel, Brigitte Aulenbacher und Monika Goldmann beziehen sich auf theoretische Überlegungen und empirische Befunde, die nahe legen, dass die Folgen betrieblicher Rationalisierungsprozesse nicht einheitlich sind. Je nach Branche können sie für Frauen mit Gewinnen oder Verlusten verbunden sein; geschlechtliche Segmentierung in den Betrieben ist also im Fluss.[48] Ursula Müller legt in ihrer mikrosoziologischen Untersuchung von Organisationen die Bruchstellen frei, an denen entlang sich Konstellationen geschlechtlicher Ungleichbehandlung in Richtung »mehr Parität zwischen den Genus-Gruppen« verändern könnten.[49]

Risse gehen auch durch die Individuen hindurch, wenn die Klischees von Weiblichkeit und Männlichkeit mit den Selbstansprüchen von Frauen und Männern nicht übereinstimmen.

Paradoxe Strukturierung des Geschlechterverhältnisses: Trennung und Verknüpfung

Wir haben schon in der Beschäftigung mit den Analysen von Ursula Beer ein Strategem kennen gelernt, das Herrschaft befestigt und gleichzeitig Machtverhältnisse verdunkelt: die Verbindung von Trennung und Verknüpfung in der Strukturierung sozialer Verhältnisse. Auf der einen Seite werden Rechtsmaterien in eigenständige Codices aufgegliedert (Familien-, Eigentums- und Arbeitsrecht), auf der anderen Seite werden sie durch eine gleichsinnige, auf androzentrische Interessen ausgerichtete Logik zu einem kohärenten System vernetzt.

Gehen wir diesem Paradox in den Analysen zum Geschlechterverhältnis von Helga Krüger nach. Sie zeigt, dass wir die

Konstruktion »Trennung und Verknüpfung« auch im Alltag von berufstätigen Frauen wiederfinden, ohne dass hier jedoch von ihrer Seite aus Herrschaftsinteressen im Spiel sind. Sie verdankt sich vielmehr dem Anspruch von Frauen, sich nicht auf einen Praxisbereich, nämlich die Familie, eingrenzen zu lassen, sondern ebenso am Erwerbsleben zu partizipieren. Die Funktionalisierung dieser Doppelorientierung ist Sache gesellschaftlicher Institutionen und deren männlicher Akteure.

Frauen unterlaufen die Grenzziehung zwischen häuslicher und marktvermittelter Arbeit, indem sie zwischen beiden Tätigkeitsfeldern pendeln. Dabei schwimmen sie gegen den Strom, obwohl ihre individuelle Rekombination des sozial Dissoziierten für die Gesellschaft eher von Vorteil als von Nachteil ist. Zum einen verändert sich die geschlechtliche Arbeitsteilung in der Familie durch weibliche Berufstätigkeit nicht grundlegend. Hausarbeit bleibt zum größten Teil Frauensache. Zum zweiten werden Frauen angesichts der vielen Einsatzfelder, die weibliches Personal vorsehen, auf dem Arbeitsmarkt gebraucht. Dennoch erfahren Frauen wenig Unterstützung bei ihrer Anstrengung, das zusammenzubringen, was gesellschaftlich auseinander gerissen ist. Für die Vereinbarkeit von Familie und Beruf haben sie selbst zu sorgen. Welche psychosozialen Belastungen damit verbunden sind, ist im öffentlichen Bewusstsein kaum gegenwärtig.

Familie und Beruf sind so schwer zu harmonisieren, weil die Gesellschaft in ihrer Organisationsstruktur darauf nicht eingerichtet ist. Die Privatsphäre ist gegen das Erwerbssystem abgeschottet. Das Berufsleben wiederum gilt gegenüber dem Privatraum als abgegrenzter Bereich. Da an beiden Orten unterschiedliche Funktionen zu erfüllen sind, muss jedem ein bestimmtes Maß an Eigenlogik zugestanden werden. Warenproduktion und marktvermittelte Dienstleistungen fordern andere

Handlungsmaximen und Organisationformen als die Versorgung von Angehörigen und Kindererziehung. Für berufstätige Frauen bedeutet das, im Wechsel der Tätigkeitsfelder auch die Verhaltensorientierungen austarieren zu müssen. Gleichzeitig sind die kontrastierenden Bereiche nicht völlig isoliert voneinander. Sie müssen aus Gründen reziproker Abhängigkeit wechselseitig durchlässig sein.

In der Familie muss durch psychosoziale Zuwendung und materielle Hausarbeit für den Erhalt und die Regeneration der im Erwerbsleben eingesetzten Arbeitskraft gesorgt werden. Und umgekehrt: Betriebe und Unternehmen dürfen im eigenen Interesse keinen völligen Raubbau am menschlichen Arbeitsvermögen betreiben; sie müssen auf Bedürfnisse nach Erholung bzw. Freizeit und nach Familie Rücksicht nehmen. Frauen sind von diesen Sachverhalten anders betroffen als Männer, denn sie leisten in erster Linie die Regenerationsarbeit zu Hause, und das wird bei der Arbeitszeitgestaltung ihrer beruflichen Tätigkeiten nicht berücksichtigt. Berufstätige Frauen haben darum weniger Freizeit als berufstätige Männer. Des Weiteren können wir konstatieren, dass Erfordernisse aus der Erwerbssphäre stärker auf das Privatleben übergreifen, z.B. die Rhythmisierung der Lebenszeit, die Disziplinierung der Sinne und die Verteilung von Energien, als dass umgekehrt die Beachtung von Familienbelangen im Erwerbssystem reklamiert werden kann. Auch in diesem Kontext sind Frauen anderen Zerreißproben ausgesetzt als Männer: Sie vermitteln zwischen den beiden ungleichen und getrennten Welten, indem sie durch ihre Dienstleistungen im Haus die Voraussetzungen für die Angehörigen schaffen, Aufgaben außer Haus in Angriff zu nehmen. Dabei können sie nicht damit rechnen, dass sie für die eigene Regeneration die gleiche Unterstützung empfangen, die sie gewähren.[50]

Hausarbeit und Erwerbsarbeit, im Ensemble »Frauenarbeit« koordiniert, sind zwei Bedingungen gesellschaftlicher Reproduktion; aber sie werden gesellschaftlich nicht als gleichwertige und zusammengehörige behandelt. Dass dieses Dilemma auf dem Rücken von Frauen ausgetragen wird, ist jedoch bereits Resultat einer anderen sozialen Konstruktion, die ebenfalls auf dem Prinzip »Trennung und Verknüpfung« beruht.

Claudia Born, Helga Krüger und Dagmar Lorenz-Meyer zeichnen in einer empirischen Untersuchung nach, wie die dissoziierten Bereiche »Familie« und »Berufsleben« sich in Paarbeziehungen verflechten.[51] Im Privaten vollzieht sich unentdeckt etwas, was offensichtlich Konsequenzen für die soziale Organisation des Geschlechterverhältnisses hat. Frauen und Männer durchlaufen zunächst Berufsbiografien, die sich in gesonderten institutionellen Bahnen vollziehen. Dann kreuzen sich die unterschiedlich ausgerichteten Lebensläufe jedoch in der Ehe oder in eheähnlichen Gemeinschaften. Das ist für das Zustandekommen von Formen geschlechtlicher Arbeitsteilung von zentraler Bedeutung. Denn zwischen den Partnern werden die Anteile an Familien- und Berufsarbeit nach Maßgabe objektiver Voraussetzungen, in Auseinandersetzung mit normativen Vorgaben und letzten Endes auch unter Berücksichtigung individueller Bedürfnisse persönlich ausgehandelt.

In einem Aufsatz von Helga Krüger, der den Titel *Dominanzen im Geschlechterverhältnis: Zur Institutionalisierung von Lebensläufen* trägt[52], wird diese gesellschaftliche Konstruktion genauer analysiert. Krüger fragt zum einen, in welcher Weise Biografien in ihrem Verlauf von institutionellen Rahmenbedingungen geprägt sind und welche Rolle Gender in diesem Kontext spielt. Sie untersucht zum zweiten, wie sich im Durchgang durch die Institutionen von Schule, Ausbildung und Arbeitsmarkt für die weibliche Genus-Gruppe Benachteiligungen kumulieren. Zum dritten nimmt sie die Institution »Familie« in den Blick, wo sich die geschlechtsspezifischen Biografien in der Paarbeziehung verschränken. Krüger kann zeigen, dass und warum Männer die Gewinner dieser Verschränkung sind.

Geschlechtsspezifische Sozialisation und Engendering-Prozesse[53] in jeder für die Berufsbiografie relevanten Institution sind ihres Erachtens verantwortlich für die Benachteiligungsstrukturen, auf die Frauen in allen Phasen ihres Lebenslaufs stoßen. In Konzepten weiblicher Erziehung lebt immer noch – entgegen dem wachsenden Stellenwert, den Frauen seit mehreren Generationen der Ausbildung und Erwerbstätigkeit beimessen – die Vorstellung fort, sie hätten sich primär mit Familienpflichten zu identifizieren und erst sekundär berufliche Ziele ins Auge zu fassen. Sie werden mit Weiblichkeitsklischees konfrontiert, die ein Ausscheren aus der Normativität dieser Prioritätensetzung erschweren. In allen Etappen der Berufsfindung erfahren Frauen, dass sie anders als Männer behandelt werden. Eine langfristige Berufsmotivation wird Frauen eher abgesprochen als ihren Kollegen, die gesellschaftliche Zuweisung häuslicher Belange an Frauen bringt ihnen das Verdikt ein, für das Erwerbsleben nicht verlässlich und kontinuierlich zur Verfügung zu stehen. Investitionen in Qualifizierungsmaßnahmen erscheinen deshalb als ebenso wenig lohnenswert wie die Eröffnung von Aufstiegschancen.

Die Konstruktion männlicher Sozialisation sieht dagegen einen stimmigeren Lebensentwurf vor: Der Wunsch nach Familiengründung lässt sich hier mit beruflichen Ambitionen verknüpfen, weil das aus der Erwerbstätigkeit des Mannes in den Haushalt fließende Geld und nicht Arbeitsleistung als Beitrag zur Existenzsicherung gewertet wird.

Dieser Missachtung weiblicher Berufsinteressen entsprechen soziale Praktiken, die Männern Raum geben für Selbstbehauptung, Konkurrenzverhalten, Ehrgeiz und das Einfordern von Bevorzugung. Die Türhüter von Institutionen, die in der beruflichen Sozialisation zu durchlaufen sind, öffnen ihre Tore für das männliche Geschlecht weiter als für das weibliche.

Krüger sieht in diesem Gender-Bias, das sich quer durch die Einrichtungen zieht, die Lebensläufe strukturieren, den roten Faden, auf dem sich alle Vorteile für das männliche und alle Nachteile für das weibliche Geschlecht aufreihen lassen. Sie kann überzeugend zeigen, in welcher Weise Gender in allen Institutionen Status zuweist und damit als ein durchgängiges gesellschaftliches Gliederungsprinzip anzusehen ist. »Geschlecht« hat ihrer Meinung nach gegenüber anderen Merkmalen der sozialen Verortung (Alter, Bildung, soziale Herkunft) einen »master status« (Hughes).[54] Und das wirkt sich auf die beiden Genus-Gruppen unterschiedlich aus. Krüger resümiert: »Im männlichen Lebenslauf, in der Tat marktvermittelt und familiengetragen, addieren sich ›Geschlecht‹, ›Arbeitsmarkt‹ und ›Familie‹ positiv auf; im weiblichen, markt- und familiengebrochen, bedeutet Geschlecht das Aufaddieren von Benachteiligungen in der Nutzung von Ressourcen zur individuellen Existenzsicherung. Die je internen Positionen auf dem Arbeitsmarkt und in der Familie, die sich von Beginn an als Statusdifferenz auffassen lassen, verfestigen sich zu einer Statushierarchie zwischen den Geschlechtern, in der die Abstände stetig größer werden.«[55]

Krügers Lebenslaufanalyse bewegt sich gesellschaftstheoretisch auf einer Mesoebene: auf der Ebene vergeschlechtlichter institutioneller Zusammenhänge. Ansatzweise geht sie jedoch darüber hinaus. Sie hebt hervor, dass die Institutionalisierung männlicher Biografien die Überordnung von Arbeitsmarktforderungen und die Nachordnung von Familienbelangen ohne Konflikte ermöglicht. Im Kontext weiblicher Lebensläufe lässt sich jedoch eine derartig problemlose, weil gesellschaftlich akzeptierte Rangstufung von Handlungsfeldern nicht durchhalten. Bei Frauen scheitert, so Krüger, eine gegen die Norm angestrengte Verschiebung der für sie vorgesehenen Prioritäten »an der Durchsetzungsschwäche der Familie«[56]. Das heißt: Forderungen von Frauen nach Entlastung von Hausarbeit und Kleinkindversorgung bzw. ihr Interesse an einer gerechten Verteilung dieser Aufgaben zwischen den Geschlechtern finden keine gesellschaftliche Lobby. Familienarbeit gilt nicht als Thema von politischem Gewicht. Damit weist Krüger darauf hin, dass die Institutionen in unserer Gesellschaft selbst einer Hierarchie unterliegen: Der Arbeitsmarkt und das Ausbildungswesen haben größeren Einfluss auf soziale Zielsetzungen als der Privatbereich. Das eröffnet eine makrosoziologische Perspektive, die sich weiterverfolgen lässt: Wie sind geschlechtliche Rangordnungen durch eine Hegemonie der gesellschaftlichen Sphären oder durch gesellschaftlich übergreifende Organisationsprinzipien vermittelt?

Eine Möglichkeit, hierauf eine Antwort zu finden, ist wohl darin zu sehen, die Konnexionen im Geschlechterverhältnis zu denen zwischen gesellschaftlichen Sektoren in Beziehung zu setzen. Dabei lässt sich an der frühen Kritischen Theorie anknüpfen.

Ausblick

Theodor W. Adorno hat in seiner *Einleitung in die Soziologie* formuliert, dass »Gesellschaft« ein Relationsbegriff sei, also ein Begriff, bei dem es auf Verhältnisbestimmungen zwischen einzelnen sozialen Elementen ankommt.[57] Unter »Elementen« versteht Adorno hier Gesellschaftsmitglieder. Die einzelnen Menschen, die in einer Bevölkerung zusammengefasst sind, bilden nicht einfach ein Agglomerat von Monaden. Je nach der Art und Weise ihrer Vergesellschaftung gehören sie sozialen Gruppen, Schichten, Klassen an, die aufeinander bezogen sind. Dem sozialen Geschlecht kommt im soziologischen Denken Adornos allerdings kein zentraler Stellenwert zu, und so muss ergänzt werden: Zur Bevölkerungsstruktur gehört die Relationalität der Genus-Gruppen.

Seine Bestimmung, Gesellschaft sei ein Relationsbegriff, bedarf einer zweiten Erweiterung: Zu den Elementen, die im Rahmen gesellschaftlicher Arbeitsteilung zueinander ins Verhältnis gesetzt werden, gehören auch die sozialen Sektoren. Erst diese Erweiterung macht es möglich, nach den bereits genannten Homologien – Relationen im Geschlechterverhältnis sowie Relationen zwischen den Sphären des gesellschaftlichen Reproduktionsprozesses – zu suchen.

Wenn wir den Begriff »Vergesellschaftung« im Sinne Adornos ernst nehmen, so ist die Stellung der Genus-Gruppen im Geschlechterverhältnis noch nicht der Endpunkt ihrer sozialen Verortung, sondern eher ein Vehikel, sie auf je besondere Weise in das übergreifende Sozialsystem einzubinden. Das lässt sich an der weiblichen Genus-Gruppe besonders gut kenntlich machen. Das Arbeitsvermögen der Frauen, das sie der Gesellschaft zur Verfügung stellen, unterliegt zwei unterschiedlichen Formbestimmungen: Die Hausarbeit ist nicht marktvermittelt und infolgedessen unbezahlt; die Erwerbsarbeit ist marktvermittelt und wird entlohnt. Diese Diskrepanz in der Bewertung gesellschaftlich gleich notwendiger Praxen führt zu Widersprüchen und Disproportionen im weiblichen Lebenszusammenhang. Die unausbalancierte Vergesellschaftung von Frauen, die ins Private stärker integriert sind als in die Berufswelt, hat einen weiteren Grund. Der generative Erhalt der Bevölkerung beruht, solange Kinder nicht mehrheitlich aus der Retorte kommen, auf der Gebärfähigkeit von Frauen. Da aber die Geburt eines Kindes als Privatsache gilt, verstärkt die prokreative Bedeutsamkeit von Frauen ihre normative Verortung in der Familie. Wenn wir also, auf Frauen bezogen, von »doppelter Vergesellschaftung« sprechen, heben wir auf solche Unausgewogenheiten ab, gegen die Frauen angehen. Im Privaten sind sie – im Vergleich zu Männern – übermäßig eingespannt, aber Haushaltung und Kinderversorgung werden nicht angemessen honoriert. Im Erwerbssystem sind Frauen in Bereichen mit hohem Qualifikationsniveau marginalisiert; wo sie gleichwertige Arbeit wie Männer leisten, werden sie schlechter bezahlt. Deshalb sollte der Begriff »doppelte Vergesellschaftung« nicht einfach undifferenziert – wie etwa bei Reinhard Kreckel[58] – auf männliche Biografien ausgedehnt werden.

»Vergesellschaftung« ist ein Konstrukt, das ohne Rekurs auf geschichtliche Entwicklungen und gesellschaftliche Dynamiken inhaltsleer bleibt. Die Rede von der »doppelten Vergesellschaftung des weiblichen Geschlechts« bedarf darum einer entsprechenden Kontextualisierung. Setzen wir noch einmal bei der Trennung von Familienleben und Erwerbssphäre im Zuge der kapitalistischen Industrialisierung an. An ihr lässt sich beides illustrieren: wie es zu disparitären Relationen im Geschlechterverhältnis kommt und wie dies mit einer neuen Rangordnung der sozialen Sphären zusammengeht.

Mit der Ablösung der Hauswirtschaft durch die Volkswirtschaft, die mit der Durchsetzung der industriell-kapitalistischen Produktionsweise einherging, löste sich die Hausarbeit von den Tauschgesetzen des Marktes immer mehr ab. Im Privaten verborgen, büßte sie nicht nur an öffentlicher Anerkennung ein. Weil sie nicht teilhatte an der Entwicklung, die vom einfachen Produkt- zum geldvermittelten Warentausch führte, geriet Haushaltung darüber hinaus zu einem Gut, das sich schwer bemessen lässt. Geld wurde gegenüber Arbeit und unmittelbaren Gebrauchsgütern zum historisch weiterentwickelten Mittler auf dem Markt und darum auch zum entscheidenderen Medium gesellschaftlicher Austauschprozesse. Zunehmend mehr waren Macht und Ansehen mit Kapital- statt wie früher mit Landbesitz verbunden. Dieser Wandel, der im Verhältnis von Lohnarbeit und Kapital seine spezifisch industrielle Ausformung erfuhr, machte vor der Familie trotz ihres Ausschlusses vom Arbeitsmarktgeschehen keineswegs Halt: Auch hier begann das Geld über die Arbeit zu herrschen. Die Zahlungen des Hausherrn in die Haushaltskasse, die als Äquivalent für die Hausarbeit fungieren sollten, hatten ein höheres Prestige als diese, weil sie dem gesellschaftlichen Verkehr entstammten und nicht Privatverhältnissen, die mit der Moderne nicht mithalten konnten. Der Tausch zwischen Hausarbeit und Einkommen – das eine im Zeit- und Kraftaufwand schlecht taxierbar, das andere durch den Verdienst festgelegt – basiert bis heute auf ungleichen Ausgangsbedingungen: Da Frauen nicht die gleichen Chancen auf dem Arbeitsmarkt haben wie Männer, sie in der Regel also nicht einen gleich hohen Verdienst zum Familieneinkommen beisteuern können, wird Männern bei der Verteilung von Hausarbeit und Berufstätigkeit mehr Raum für die Karriere zugestanden.

Dass Geld als Tauschmittel mehr Wert hat als nicht marktvermittelte Arbeit, kann uns als weiterer Hinweis dafür dienen, dass es zwischen den sozialen Sphären – hier: Familie und Erwerbsbereich – eine Rangordnung gibt. Das Berufssystem kann mehr Einfluss auf die privaten Lebenswelten nehmen als umgekehrt. Das lässt sich verallgemeinern. Trotz der Interdependenzen zwischen Sektoren, die arbeitsteilig zum sozialen Zusammenhalt beitragen, ist unsere Gesellschaft kein ausgewogenes Ensemble von Sektoren, in dem alle Segmente das ihnen angemessene Gewicht haben. Dass staatliche Politiksphären, militärische Einrichtungen und die Wirtschaft größere Wirkmächtigkeit haben, wenn es um gesellschaftliche Entscheidungen geht, als das Bildungswesen oder private Sozialisationsagenturen, verweist auf Hegemonien. Hier haben wir die Strukturhomologie zu Hierarchien im Geschlechterverhältnis zu suchen.

Die Relationen zwischen den gesellschaftlichen Sphären sind durch Verhältnisbestimmungen wie Differenzsetzung, Disproportionalität, Machtgefälle charakterisiert. Auch hier werden Dissoziationen durch Verschränkung überbrückt. Aber diese Brückenschläge haben den Charakter von »falschen Verknüpfungen«. Die Trennung zwischen Staat und privater Marktwirtschaft wird durch Subventionen unterlaufen, die zwischen »freier« Wissenschaft und Ökonomie durch Forschungszentren, die von Großkonzernen finanziert werden. Die Ordnung des gesellschaftlichen Gesamtgefüges ist heteronom wie die des Geschlechterverhältnisses. Und es gibt einen Zusammenhang zwischen beiden Heteronomien.

Das Prestige und der Einfluss von gesellschaftlichen Sektoren folgen nicht nur politisch-ökonomischen Logiken, sondern ebenso androzentrischen. Es sind in geschichtlicher Kontinuität die männlichen Aktionsfelder (Militärwesen, hohe Politik, Wirtschaftsmanagement, Forschung), denen vorrangig soziale Relevanz zuerkannt wird. Weibliche Praxen wurden aus dieser Perspektive dagegen degradiert. Das männliche Geschlecht konnte seine Maßstäbe bei der Abwertung der Hausarbeit als nicht marktvermittelter, unbezahlter und nicht professionalisierter Tätigkeit gegenüber bezahlter, öffentlicher und berufsförmiger geltend machen. Die Hierarchisierung trifft Frauen doppelt; die Minderbewertung der Hausarbeit, ein weibliches Betätigungsfeld, färbt auch auf die Berufstätigkeit von Frauen ab: Sie ist ebenfalls keine »Männerarbeit«. Folgt die Hierarchisierung der

Sektoren der Wertschätzung männlicher Machtfelder, so die der unterschiedenen Arbeitsformen dieser Rangordnung. Die Stellung der Geschlechter stellt einen Ausfluss solcher sektoralen Über- und Unterordnungen dar, und die geschlechtliche Arbeitsteilung ist in sie verflochten.

Es gibt eine frappierende Diskrepanz in der gesellschaftlichen Bewertung der Produktion von Macht-, Informations- und Lebensmitteln gegenüber der Prokreation und Reproduktion des Lebens samt ihrer kulturellen Erfordernisse. Sie ist nicht allein aus der Gleichgültigkeit von Kapitallogik, Technik und verwertbarer Wissenschaft gegenüber den Menschen zu erklären, sondern steht ebenso mit einer männerbündischen Strukturierung der sozialen Welt in Beziehung. Die Dichotomie zwischen Individuum und Gesellschaft korrespondiert mit der Herabsetzung des Weiblichen zum nur Besonderen auf der einen, der Hochstilisierung des Männlichen zum Allgemeinen auf der anderen Seite.

Ziehen wir ein Resümee: Das soziale Verhältnis, in das die Geschlechter eingespannt sind, ist Resultat eines komplexen Prozesses: Polarisierende Unterscheidung, diskriminierende Bewertung, disparitäre Behandlung und ungleiche Positionierung der Menschen qua Geschlecht greifen ineinander. Das bringt die Genus-Gruppen – unabhängig von ihrem Willen – in eine Oppositionsbeziehung, die einen strukturellen Hintergrund hat: Besser- versus Schlechterstellung. Dieser gesellschaftliche Antagonismus überschattet auch die persönlichen Beziehungen, die Frauen und Männer miteinander eingehen.

Das Geschlechterverhältnis ist ein ideelles Gebilde, eine symbolische Ordnung und ein Sozialgefüge, das eine materielle Basis hat. Die beiden Konstruktionen sind nicht identisch, verweisen aber aufeinander. Sie stützen sich wechselseitig ab, haben eine gemeinsame Sozialgeschichte und sind beide durch übergreifende Gesellschaftsformationen vermittelt.

Es ist der feministischen Forschung bisher nicht gelungen, eine Theorie der Geschlechterverhältnisse zu entwerfen, die fähig wäre, alle Ursachenkomplexe und Motivzusammenhänge aufzuschlüsseln, welche sich in den Relationen zwischen den Genus-Gruppen verschränken. Aber einige Stränge, die aufeinander verweisen und doch nicht völlig gleichgerichtet sind, hat sie offen gelegt. Gibt es eine feministische Methodologie und Epistemologie, die dieser Komplexität und Mehrdimensionalität Rechnung tragen kann? Was muss sie leisten? Wir müssen die Gemengelage von Problemebenen als zusammengehörige und doch analytisch zu trennende im Kopf haben, um eine Vorstellung davon gewinnen zu können, wie sich Geschichte und Gesellschaft, Struktur und Handeln, Objektivität und Subjektivität in Geschlechterverhältnissen verschlingen. Diese theoretische Anstrengung darf sich allerdings nicht gegen Empirie abschotten: Ihre Vielfältigkeit ist ein Antidot gegen eine Begrifflichkeit, die zum geschlossenen System zu werden droht, das zwar in sich stimmig ist, sich aber der ständig in Veränderung befindlichen Realität nicht mehr anzunähern sucht.

2. Konstruktion und Dekonstruktion von Geschlecht

von Gudrun-Axeli Knapp

Jenseits des gesellschafts- und strukturtheoretisch orientierten Stranges sozialwissenschaftlich-historischer Forschungen zum Geschlechterverhältnis, der im vorausgegangenen Kapitel beleuchtet wurde, ist es in der feministischen Theorie Mitte der Achtzigerjahre zu einem folgenreichen Perspektivenwechsel gekommen. Anstatt weiterhin den »großen Folgen« des »kleinen Unterschieds« nachzugehen, um sie kritisieren und politisch bekämpfen zu können, wurden zunehmend die großen Voraussetzungen der Unterscheidung zweier Geschlechter und Fragen der kulturellen Repräsentation von Geschlechterdifferenz zum Kristallisationspunkt der internationalen Debatte. Im Zuge dieser Entwicklung radikalisierte sich die Auseinandersetzung mit den Grundlagen feministischer Theorie und Politik in einer Weise, dass manche meinten, der Feminismus sei an sein Ende gelangt. Die Dynamik dieser Diskussion, die sich schnell über Fächergrenzen hinweg ausbreitete, ist auf das Zusammentreffen mehrerer theoretisch-politischer Entwicklungen im einflussreichen angloamerikanischen Feminismus zurückzuführen, die mit Verspätung auch den deutschsprachigen Raum erreichten. Die Debatte wurde zum einen durch die zunehmende soziale und kulturelle Vielfalt der Stimmen innerhalb des feministischen und des postkolonialen Diskurses ausgelöst, die darauf aufmerksam machten, dass die bloße Zugehörigkeit zur Genus-Gruppe »Frauen« weder mit gleichen Erfahrungen noch mit identischen Problemlagen verbunden sein muss, zum anderen durch die unter dem Etikett der »Dekonstruktion« versammelten theoretischen Strömungen, die alle Identitätsunterstellungen, einschließlich der Geschlechtsidentität, daraufhin befragen, auf welchen Voraussetzungen, Ausschlüssen und Verwerfungen sie beruhen: Was sind »Frauen«, auf welche empirischen Referenzen bezieht sich der fundierende Begriff des Feminismus? Kann überhaupt von Erfahrungen, Problemen oder Potenzialen gesprochen werden, die Frauen über soziokulturelle Unterschiede der Hautfarbe, der Schichtzugehörigkeit, der ethnischen Herkunft hinweg verbinden? Wodurch wären sie begründet? Oder sind nicht vielmehr alle Versuche einer substanziellen Bestimmung von Unterschieden zwischen den Geschlechtern und von Gemeinsamkeiten innerhalb der Genus-Gruppen mit dem Problem behaftet, dass ihre Festsetzungen Nichtidentisches zugleich hervorbringen und unterschlagen? Was wird im Kontext solcher Annahmen über geschlechtsspezifische Eigenschaften, Erfahrungen und Problemlagen aus den Unterschieden innerhalb der Genus-Gruppen, wo bleiben sie, was macht sie irrelevant, wer sagt, dass sie irrelevant seien, für wen?

Im Anschluss an diese Fragen, die auf eine Unterminierung universalisierender Bedeutungsgehalte in Konzeptionen von Geschlechterdifferenz zielen, rückte auch die Frage nach der diskursiven Funktion des Körperlichen auf neue Weise in den Blick: Wenn Versuche, dem Begriff »Frauen« wesentliche soziale Attribute beizulegen, angesichts der Verschiedenartigkeit ihrer Lebensverhältnisse scheitern, bleibt dann als einzige Gemeinsamkeit das Geschlecht? Von welcher »Natur« ist aber der natürliche Geschlechtsunterschied, und inwieweit ist die biologische Geschlechterdifferenz sozial entleert? Setzt nicht jede Unterscheidung, auch die zwischen Männern und Frauen bzw. Natürlichem und Kulturellem im Geschlechtsunterschied, immer schon eine symbolische Ordnung und gesellschaftliche Verhältnisse voraus, innerhalb deren dies bedeutungsvolle Differenzen sind?

Gilt das uns vertraute Ordnungssystem der Zweigeschlechtlichkeit auf der ganzen Welt, ist es universell gültig? Und wenn nicht von seiner universellen Geltung ausgegangen werden kann, welche Konsequenzen hat das für feministische Theorie und Politik?

Im Folgenden sollen Grundzüge dieser Auseinandersetzung dargestellt werden. Zwar lassen sich die Diskurse zur Geschlechterdifferenz und zur soziokulturellen Differenziertheit der Geschlechter nicht strikt voneinander trennen, beide berühren Probleme der Fundierung feministischer Kritik. Gleichwohl gruppieren sie sich um ein je spezifisches Spektrum von Fragen: Geht es in dem einen Bereich um die konstitutionslogische Frage nach der Verfasstheit von Geschlechterdifferenz und um das Verhältnis von Natürlichem und Kulturellem in der Geschlechtsunterscheidung (Sex-Gender-Debatte), so stehen im anderen das Verhältnis von Ähnlichkeit und Verschiedenheit sowie die Formen sozialer Ungleichheit unter Frauen (Achsen der Differenz – Strukturen der Ungleichheit) im Mittelpunkt.

Facetten der Sex-Gender-Debatte

Feministische Kritik richtet sich, dies wurde oben deutlich, auf Phänomene von Macht, Herrschaft und Gewalt zwischen Männern und Frauen: Wie kommt es zu der ungleichen Verteilung von materiellen, politischen und symbolisch-kulturellen Ressourcen zwischen den Geschlechtern? Wie sind Strukturen der Geschlechtersegregation zu erklären, warum kommt es zur Abwertung und Deklassierung von Frauen, in welchem Zusammenhang stehen Geschlechtertrennung, hierarchische Verhältnisse zwischen den Genus-Gruppen und spezifische Vorstellungen von Geschlechterdifferenz?

Fragen wie diese basieren auf der stillschweigenden Voraussetzung, dass es Männer und Frauen im Sinne der biologischen Zweigeschlechtlichkeit der Menschengattung *gibt*. Welche Bedeutung dem natürlichen Geschlechtsunterschied zugeschrieben wird, wie Männlichkeit und Weiblichkeit normiert werden und welche Strukturen sich auf dieser Grundlage entwickeln, hängt dann von den jeweiligen historischen Konstellationen von Kultur und Gesellschaft ab, die Gegenstand der Analysen sind.

Eine für diese Auffassung repräsentative Formulierung stammt von der amerikanischen Historikerin Gerda Lerner: »Das *sexuelle Geschlecht* ist eine biologische Gegebenheit für Männer und Frauen. Die *geschlechtsspezifischen Rollenerwartungen* an Frauen und Männer stellen eine kulturabhängige Definition von Verhalten dar, das als den Geschlechtern in einer bestimmten Gesellschaft zu einer bestimmten Zeit angemessen gilt. Diese kulturspezifische Bestimmung der Geschlechterrollen ist also ein historisch bedingtes Produkt.«[59]

Schon die Frauenforschung der Siebzigerjahre ging mehrheitlich davon aus, dass Weiblichkeit und Männlichkeit im Sinne soziokultureller Normierungen von Persönlichkeitsdispositionen und Rollenverhalten in unterschiedlichen Gesellschaften und geschichtlichen Epochen variieren. Zwar standen damals andere Theorien im Vordergrund als heute, doch gab es ein herrschaftskritisches Verständnis solcher Normierung. Die meisten Frauenforscherinnen gingen davon aus, dass Lern-, Identifikations- und Enkulturationsprozesse keineswegs harmonisch verlaufen, sondern dass es sich dabei um Formen der widersprüchlichen Aneignung handelt, die mit Konflikten und Ambivalenzen einhergehen, um Identitätszwänge, die stets auch Potenziale des Nichtidentischen hervorbringen.

Ansätze, die offensiv mit universalisierenden, homogenisierenden oder harmonisierenden Aussagen über männliche und weibliche Geschlechtseigenschaften und Geschlechterverhältnisse operierten, standen im deutschsprachigen Raum entweder am Rande des akademischen feministischen Diskurses oder stießen schnell auf Kritik. Dass neben Verhaltensdispositionen auch Körperwahrnehmung, körperliche Praxen und körperliches Aussehen von Frauen und Männern etwas mit den Lebensbedingungen zu tun haben, mit der spezifischen Art und Weise, in der gegessen, gearbeitet, gewohnt, gekämpft, geliebt, gespielt und kommuniziert wird, dass infolgedessen auch Körperlichkeit nichts Außerhistorisches ist, war zumindest für Feministinnen, die sich auf historisch-materialistische Theorietraditionen oder auf Michel Foucaults Analysen bezogen, ebenfalls selbstverständlich.

Was in der feministischen Theorie der Neunzigerjahre eine diskursive Explosion ausgelöst hat, war also keine Historisierung per se, sondern eine spezifische Form der Zuspitzung dieser Historisierung, deren Reichweite nach wie vor strittig ist. Neu war dabei weniger die gestiegene Aufmerksamkeit für den Wandel von Semantiken der Geschlechterdifferenz – diesen hatte in den Siebzigerjahren u.a. Karin Hausen in ihrer zum Klassiker gewordenen sozialgeschichtlichen Analyse des Aussagesystems der Geschlechtscharaktere beschrieben[60] – als vielmehr die stärkere Betonung der epistemologischen und politischen Konsequenzen dieser Historisierung. Neu war ferner, und genau dieser Punkt wurde schließlich zum Kern der aktuellen Kontroversen, dass nicht mehr nur die Auslegung des Geschlechtsunterschieds und die Existenzweisen von Frauen und Männern als geschichtliche aufgefasst wurden, sondern dass der biologische Dimorphismus selbst, die körperliche Zweigeschlechtlichkeit, nicht als von Natur aus gegeben, sondern als kulturell spezifische Form der Klassifikation in den Blick genommen wurde.

Im englischsprachigen Feminismus war dieser Perspektivenwechsel durch die kulturanthropologische Forschung lange vorbereitet gewesen. Für diese Forschung hatten Fragen der unterschiedlichen Konzeptualisierung der Verhältnisse von Natur und Kultur sowie der soziokulturellen Bedeutung von »Geschlecht« als Ordnungs- und Klassifikationskategorie schon immer eine größere Bedeutung als in anderen Fächern. In Feldstudien wurde festgestellt, dass es in manchen Kulturen Formen der Geschlechterklassifikation gibt, die den uns vertrauten Rahmen der Zweigeschlechtlichkeit überschreiten, indem sie weder rigide binär verfasst noch in ähnlich strikter Weise wie in unserer Kultur auf Körpermerkmale fixiert sind.[61] »Anthropologen stießen auf dritte und weitere Geschlechtskategorien oder auf uns fremde Formen des Geschlechtswechsels, z.B. die Reklassifikation unfruchtbarer Frauen zu ›Männern‹, denen im Rahmen ihrer Gesellschaft entsprechende Rollen und die Möglichkeit, ›Frauen‹ zu heiraten, zugestanden wurden.«[62] Neben ethnologischen Beobachtungen, die auf in gewissen Grenzen variierende Formen der Geschlechterklassifikation und Interpretation der Geschlechterdifferenz hindeuteten, waren es vor allem soziologische Studien zur Transsexualität und Interventionen aus den sich in den USA gerade formierenden »Queer Studies«[63], die den bis dahin so sicher scheinenden Boden einer naturgegebenen Zweigeschlechtlichkeit erschütterten. Hinzu kam eine Reihe von historischen Studien zu Konstruktionen von Weiblichkeit und Männlichkeit, die darauf hindeuteten, dass die Form der biologischen Fundierung der Geschlechterdifferenz, die heute unser Alltagsverständnis bestimmt, selbst Resultat einer historischen Entwicklung ist, entscheidend geprägt durch die im 18. und 19. Jahrhundert entstehenden modernen »Wissenschaften vom Menschen«.[64]

Schließlich spielten auch neuere Ergebnisse biologischer Forschung eine Rolle; die Biologie nimmt keine so trennscharfe Klassifizierung von Geschlechtlichkeit vor wie das Alltagsverständnis der Gesellschaft. So heben Lorber, Farell u.a. hervor, dass »weibliches und männliches Geschlecht (sex) [...] in dieser Forschung nicht mehr als zwei entgegengesetzte, einander ausschließende Kategorien verstanden, sondern vielmehr als Kontinuum, bestehend aus dem genetischen Geschlecht, dem Keimdrüsengeschlecht und dem Hormongeschlecht«[65], gesehen würden, wobei die einzelnen Kriterien, die zur Geschlechtsbestimmung herangezogen werden, weder notwendig kongruent sein müssen noch als unabhängig von der Umwelt aufgefasst werden können.[66]

In der feministischen Diskussion verdichteten sich diese aus verschiedenen Fächern und theoretischen Richtungen stammenden Denkanstöße zu einem Diskurs, in dessen Zentrum die im anglophonen Raum gängige Unterscheidung von Sex (körperlichem Geschlecht) und Gender (Geschlechtsidentität / sozialem Geschlecht) stand. In der als »Sex-Gender-Debatte« bekannt gewordenen Diskussion geht es um historische, erkenntnistheoretische und politische Implikationen dieser Unterscheidung.

Die begriffliche Unterscheidung von Sex und Gender stammt ursprünglich aus der medizinisch-psychiatrischen Diskussion um Transsexualität, wo sie in den Fünfzigerjahren von den Sexualwissenschaftlern John Money und John Hampson eingeführt und dann von Robert Stoller in seiner Studie *Sex and Gender: On the Development of Masculinity and Femininity* (1968) weiter ausgearbeitet wurde, um das Auseinandertreten von körperlichem Geschlecht und Geschlechtsidentität zu bezeichnen.[67] In feministischen Zusammenhängen wurde die Differenzierung Anfang der Siebzigerjahre zunächst aus politisch-strategischen Gründen aufgegriffen, um biologistische Argumente zur »Natur der Frau« besser zurückweisen zu können. Die nachdrücklich antibiologistische Stoßrichtung der feministischen Kritik hatte allerdings eine Kehrseite: »Die physische Natur der Geschlechter, als Sex von Gender ausdrücklich terminologisch unterschieden, [blieb] außerhalb des Blickfeldes. Die Existenz dieser Dimension, die Geschlechtsnatur, wurde zwar nicht geleugnet, es wurde ihr jedoch jeglicher Einfluß auf das soziale Schicksal der Person bzw. auf die Organisation der Gesellschaft abgesprochen. Natur wurde auf die Funktion des stummen Substrats von Subjekt, Gesellschaft und Kultur reduziert [...]. Normativ wurde gesetzt, daß die vom Gender-Konzept nicht in Frage gestellte Geschlechtsnatur (›Sex‹) keine Konsequenzen für die soziale Stellung und Rolle haben sollte.«[68]

Aus der Diskussion dieser Leerstelle und ihrer Konsequenzen für feministische Theoriebildung entwickelte sich die Sex-Gender-Debatte, deren Vehemenz nicht zuletzt daher rührt, dass Fragen des Verhältnisses von Natur und Kultur in Bezug auf Geschlechterdifferenz hochgradig überfrachtet sind. Sie berühren nicht nur den engen Konnex von Natur und Weiblichkeit, der die Geschichte der Frauenunterdrückung wie der Überhöhung und Ikonisierung des Weiblichen durchzieht; sie werfen zugleich erkenntniskritische und politische Fragen nach dem Stellenwert auf, der dem Körperlich-Materiellen unter den Bedingungen umfassender Informatisierung zukommt, die von manchen Beobachtern als epochale Veränderung unseres Verständnisses von »Wirklichkeit« und »Natur« aufgefasst werden.

»Mochte die Differenzierung von Sex und Gender vor dem Hintergrund patriarchaler Auffassungen, die das Geschlechterverhältnis insgesamt als ›natürliches‹ Verhältnis aus dem Bereich des menschlich Machbaren und historisch Veränderbaren ausgrenzen und so grundsätzlich vom Kampfplatz gesellschaftlicher Auseinandersetzungen und politischer Entscheidungen fernhalten wollten, eine bedeutsame Errungenschaft darstellen, so handelt es sich doch nur um einen ersten Schritt, durch den *ein* Teil der Geschlechterordnung auf die Seite der Gesellschaft hinübergezogen wurde.«[69]

In der feministischen Diskussion der Neunzigerjahre wird nun auch der »andere« Teil der Geschlechterordnung in den Bereich des Historischen und damit in den Horizont des »Machbaren« hineingezogen. Er gerät auf durchaus ambivalente Weise in ein Feld gesellschaftlicher Auseinandersetzungen, in dem im Zuge neuerer technologisch-wissenschaftlicher Entwicklungen überkommene Grenzziehungen von Natürlichem und Kulturellem aufgebrochen werden.

Die verzweigte Diskussion zur Frage des Verhältnisses von Sex und Gender, Körperlichem und Symbolischem, Natürlichem und Kulturellem kann hier mit ihren fachspezifischen Akzenten nicht im Detail nachgezeichnet werden. Allerdings gibt es in der Sex-Gender-Debatte zentrale Problemstellungen und Argumentationen, von denen drei in ihren Grundzügen vorgestellt werden sollen.

Zu nennen ist erstens die in den Sozialwissenschaften besonders einflussreiche *ethnomethodologisch-sozialkonstruktivistische* Kritik der Unterscheidung von Sex und Gender. Sie geht heuristisch von der »Gleichursprünglichkeit«[70] von Natur und Kultur im Geschlechtsunterschied aus und verknüpft diese Annahme in einer feministischen Lesart mit der Frage, ob es auch eine »Gleichursprünglichkeit« von Differenz und Hierarchie gibt. Spezifisch für die Diskussion in diesem Spektrum sind die mikrologisch-interaktionistische Ausrichtung sowie der ausgeprägte empirische Bezug bei der Untersuchung von Deutungsmustern der Geschlechterdifferenz.

Zentral für die Sex-Gender-Debatte ist zweitens Judith Butlers *dekonstruktive* Argumentation, die den kulturellen Fundierungszusammenhang der Zweigeschlechtlichkeit mit Blick auf die heterosexuelle Normierung der Ordnung des Begehrens untersucht. Das Besondere an der auf Butler bezogenen Diskussion, in der viele der im konstruktivistischen Kontext aufgeworfenen Fragen noch einmal radikalisiert wurden, sind ihre stark philosophisch-erkenntniskritische Akzentuierung, ihr sprachtheoretischer Bezugshorizont sowie die politische Korrespondenz mit Ansätzen aus den Queer Studies.

Eine dritte wichtige Diskussion wurde von der amerikanischen Wissenschaftsforscherin und Biologin Donna Haraway inspiriert: die Debatte über die wissenschaftlich-technologisch angebahnte *Erosion fundamentaler Dualismen westlichen Denkens* und die Konsequenzen für Reformulierungen des Verhältnisses von Natur und Kultur, Sex und Gender. Wesentlich ist hier die politische Einschätzung gegenwärtiger technisch-wissenschaftlicher Veränderungen aus feministischer Sicht; theoretisch geht es um die Frage, wie man einen postmodern aufgeklärten Naturbegriff denken kann, der es gleichzeitig vermeidet, Natur vollends in Kultur aufzulösen und zu entmaterialisieren.

Bei aller Unterschiedlichkeit der Ausarbeitung teilen diese Ansätze einen Ausgangspunkt, nämlich die Konzentration auf Sprache, Wissen, Diskurse und deren Bedeutung für die Gegenstandskonstitution. Mit dieser sprach- bzw. wissenstheoretischen Wende ist eine charakteristische Veränderung der Reflexionsrichtung verbunden: Anstatt geschlechtstypische Ausprägungen von Persönlichkeitsmerkmalen bei Frauen und Männern zu untersuchen und deren Entwicklungsgeschichte zu rekonstruieren, anstatt die Strukturen und sozialgeschichtlichen Konstitutionsprozesse von Geschlechterverhältnissen und ihren Zusammenhang mit der Gesamtgesellschaft zu bestimmen, werden jetzt die sprachlich-diskursiven Formen und Verfahren studiert, in welchen Geschlechterdifferenz und -beziehungen »konstruiert«, »repräsentiert« oder »praktiziert« werden. Dieser Wechsel von einer direkt gegenstandsbezogenen Ausrichtung (Was ist warum so geworden?) hin zu einer Perspektive, in der Semantiken der Geschlechterdifferenz und sprachlich-diskursive Bedingungen der Möglichkeit von (Aussagen über) Geschlecht im Vordergrund stehen, ist charakteristisch für die meisten Ansätze feministischer Theorie aus diesem Spektrum.

Konstruktivistische Perspektiven

Im ethnomethodologisch-wissenssoziologisch inspirierten Feld der Sex-Gender-Diskussion steht die Frage nach den (Ethno-) Methoden der Konstruktion von Männlichkeit und Weiblichkeit, von Frauen und Männern im Mittelpunkt: Wie werden »Frauen« und »Männer« gedacht und wahrgenommen, wie präsentieren Individuen sich als weiblich oder männlich, welche Eigenschaften werden ihnen zu- oder abgesprochen, in welchen Prozessen vollzieht sich im Alltagsleben die Blau- bzw. Rosafärbung von Personen, Räumen, Gegenständen, Praxisfeldern?

Die hier eingenommene heuristische Position basiert auf der Kritik an sozialwissenschaftlichen Erklärungsstrategien, die »naiv auf das Alltagswissen als Plausibilisierungsressource zurückgreifen, anstatt es zum Gegenstand zu machen. Diese Verwechslung von ›topic‹ und ›resource‹ beruht auf einem tiefsitzenden methodologischen Vorurteil, dem SoziologInnen, anders als Anthropologie oder Geschichte Treibende, leichter aufsitzen: daß sie die Gesellschaft, die sie beschreiben, kennen.«[71] Bezogen auf die Geschlechterdifferenz führe dieses Vorurteil zu einem Missverhältnis zwischen dem alltagspraktischen Wissen, wie Frauen und Männer zu unterscheiden und zu behandeln seien, und dem empirischen Wissen über diese Prozesse: »Wir wissen, wie es zu tun ist, aber nicht, wie wir es tun.«[72]

Ziel des ethnomethodologisch-konstruktivistischen Ansatzes und des damit einhergehenden empirischen Programms ist es, mehr über die soziale Herstellung von Geschlecht, genauer gesagt: von Geschlechts*bedeutungen* zu erfahren, »to enable us to look *at* cultures gender-lenses rather than *through* them«[73].

Anknüpfend an die im Kalifornien der Fünfziger- und Sechzigerjahre von Harold Garfinkel begründete und von Candace West, Don Zimmerman, Suzanne Kessler, Wendy McKenna, Judith Lorber und anderen[74] weitergeführte Richtung, soll die Art und Weise erforscht werden, in der Gesellschaftsmitglieder auf soziokulturell institutionalisierte Wissensbestände, auf kulturelle Deutungsmuster von »Geschlecht« zurückgreifen, sie situationsspezifisch anwenden und dabei reinterpretieren. Die Leitfrage lautet: Wie kommt es zu der binären, wechselseitig exklusiven Klassifikation von zwei Geschlechtern, und wie funktioniert die alltägliche Aufrechterhaltung dieser Exklusivität? Die Evidenz der Zweigeschlechtlichkeit der Menschengattung, die Voraussetzung, dass es zwei Geschlechter »gibt«, die sich nach Anatomie, Körpergestalt, Physiologie und hormoneller Ausstattung klar unterscheiden lassen, wird hier zum Ausgangspunkt des Nachdenkens, um den wechselseitig reflexiven Charakter der Beziehung zwischen körperlichem Geschlecht und sozialer Geschlechtszuordnung zu verdeutlichen.

Eine Folge dieser Konzentration auf konstruktive Praxen ist die Prozessualisierung des Geschlechtsbegriffs. Die Fragestellung lautet nun nicht mehr »Wer ist wie«, sondern: »Wie und in welchen Prozessen nehmen sich Menschen als wer wahr?« Damit wird die Frage nach dem Geschlecht aus dem Subjekt und seinem psychophysischen »Frausein« oder »Mannsein« herausverlagert und als interaktive und situationsspezifische Konstruktionspraxis betrachtet. Dies, so Regine Gildemeister und Angelika Wetterer, bewahre uns »vor dem Mißverständnis, das

Geschlecht sei irgendwo im Individuum zu verankern, als Merkmal oder Eigenschaft von Personen dingfest zu machen, die im Alltagshandeln nur ihren Ausdruck finden«[75].

Untersuchungsgegenstand sind die alltäglichen Zuschreibungs-, Wahrnehmungs- und Darstellungsroutinen, in denen sich der sinnhafte Aufbau der Wirklichkeit von Geschlechtszugehörigkeit bzw. -identität und Geschlechterbeziehungen vollzieht.

Die englische Sprache ermöglicht es mit dem anschaulichen Begriff des »doing gender«, den (inter-)aktiven Charakter dieser Reproduktion von Geschlechterdifferenz zu betonen. »Doing gender«, so Candace West und Don Zimmerman, »involves a complex of socially guided perceptual, interactional, and micropolitical activities that cast particular pursuits as expressions of masculine and feminine ›natures‹.«[76] Im deutschsprachigen Feminismus tauchten sozialkonstruktivistische Perspektiven vereinzelt schon in den Achtzigerjahren auf, hervorzuheben sind hier vor allem Arbeiten von Carol Hagemann-White.[77] Noch Anfang der Neunzigerjahre konnten Regine Gildemeister und Angelika Wetterer jedoch mit Recht von einer Rezeptionssperre gegenüber dieser mikrosoziologischen Tradition sprechen, die von manchen als typisch amerikanischer Beitrag zu den Sozialwissenschaften verstanden wurde.[78]

Gildemeisters und Wetterers Aufsatz *Wie Geschlechter gemacht werden*, der eine pointierte Erörterung der älteren Frauenforschung mit einer Darstellung sozialkonstruktivistischer Konzeptionen von Geschlecht verknüpft, leitete in der sozialwissenschaftlichen Frauenforschung einen deutlichen Rezeptionsschub englischsprachiger Texte aus der Ethnomethodologie, der Wissenssoziologie, dem symbolischen Interaktionismus und der phänomenologischen Soziologie ein. Etwa zur gleichen Zeit entstanden im Kreuzungsbereich von Geschlechtersoziologie und feministischer Forschung grundlegende theoretische und empirische Studien zur Transsexualität, die mit unterschiedlichen Akzentsetzungen auf diesen wissenschaftlichen Hintergrund rekurrierten.[79] Sie wurden gleichermaßen zu wichtigen Bezugstexten für die weitere feministische Diskussion.

Heute ist das Feld konstruktivistisch orientierter Analysen zur Herstellung von »Geschlecht« auch im deutschen Sprachraum sehr ausdifferenziert.[80] Bei genauerem Hinsehen lassen sich inhaltlich zwei Schwerpunkte ausmachen. Beim ersten, der sich auf empirische Studien zur Transsexualität stützt, beschränkt sich der Begriff »Geschlecht« letztlich auf Fragen der Zuschreibung von Geschlechtszugehörigkeit an Individuen und auf die Darstellung von Geschlechtszugehörigkeit durch Individuen. Die Diskussion bewegt sich hier also im Bereich der klassischen ethnomethodologischen Konzeptualisierung des Genderbegriffs. Probleme sozialer Ungleichheitslagen im Geschlechterverhältnis, Fragen der asymmetrischen Positionierung von Frauen und Männern im Ordnungssystem der Zweigeschlechtlichkeit und der sozialstrukturellen Auswirkungen des »doing gender«, die für den zweiten Schwerpunkt zentral sind, werden in dieser Perspektive mehr oder weniger ausdrücklich ausgeblendet.

Die gemeinsame Basis sowohl für die Diskussion um die Konstruktion von Geschlechtszugehörigkeit wie auch für Fragen nach dem Wechselverhältnis zwischen der Sexuierung von Personen, der Hierarchisierung von Geschlechterbeziehungen und der Vergeschlechtlichung sozialer Kontexte bilden bestimmte Annahmen zur Grundstruktur des symbolischen Systems der Zweigeschlechtlichkeit: »Die zwei Geschlechter werden [...] mit Hilfe eines axiomatischen Wissens erzeugt, das über drei Basisannahmen verfügt: daß alle Menschen *unverlierbar* (Konstanzannahme) und aus *körperlichen* Gründen (Naturhaftigkeit) *entweder* das eine *oder* das andere Geschlecht sind (Dichotomizität). Dieses Wissen funktioniert als selbstverständlicher und nicht-hinterfragter Hintergrund von Wahrnehmungsprozessen und Begründungsfiguren, indem es eine dichotome Optik bereitstellt, die sowohl in der Wahrnehmung von Personen wie in der von Körpern immer zwei Sorten zu erkennen vermag.«[81]

Feministinnen haben sich – von diesen Basisannahmen ausgehend – vor allem mit der Frage nach der »Überschußproduktion an Binarität im kulturellen Erkennungsdienst der Geschlechter« (Hartmann Tyrell) befasst: Wie kommt es, dass sich sowohl hinsichtlich der Klassifikation körperlicher Merkmale als auch auf der Ebene von Eigenschaftszuschreibungen immer wieder der dichotomisierende Konstruktionsmodus der Unterscheidung, das Entweder-oder, gegen die übergangsreichen Mehr-oder-weniger- und Sowohl-als-auch-Verhältnisse durchsetzt? Und: Wie gehen diese Deutungen von Geschlechterdifferenz in Prozesse der sozialen »Platzanweisung« ein, welche Rolle spielt dieser Dualismus bei der mikropolitischen Aufrechterhaltung von Geschlechterhierarchien und Ungleichheit, aber auch im Zusammenhang mit sozialem Wandel?

In empirischen Untersuchungen zu Gendering-Prozessen, die sich jenseits der Studien zur Transsexualität zum großen Teil mit der Sexuierung von menschlichem Arbeitsvermögen, Arbeit und Arbeitsteilung befassen, werden die soziologisch-sozialpsychologischen Mechanismen der Zuschreibung und Darstellung von Geschlechtsbedeutungen zunehmend genauer bestimmt. Während manche früheren Untersuchungen die Vergeschlechtlichung als zweibahnigen rosa-blauen Definitionsvorgang fassten, in dem das (biologisch zugeschriebene) Geschlecht auf die Praxen und umgekehrt der vergeschlechtlichte Charakter von Tätigkeiten und Praxisfeldern auf die sie ausübenden Subjekte gleichsam abfärben[82], wird in der jüngeren Forschung eher das

Paradox einer enormen Beweglichkeit und Widersprüchlichkeit der Geschlechtsidiomatik betont, die freilich die binäre und hierarchische Grundstruktur nicht außer Kraft setzt.[83]

Strittig ist dabei, ob in diesen Befunden einer kontextbezogen variierenden Semantik von Geschlechterdifferenz historische Veränderungen in den Geschlechterbeziehungen und den entsprechenden Deutungsrepertoires zum Ausdruck kommen, in denen sich tendenziell ein Bedeutungsverlust der Kategorie »Geschlecht« als sozialer Platzanweiser abzeichnet, oder ob eher wissenschaftliche Lern- und Abarbeitungsprozesse zu einer differenzierteren Wahrnehmung der Komplexität von Gendering-Prozessen geführt haben. Ein wichtiger Streitpunkt, in dem politische und theoretisch-systematische Aspekte verbunden erscheinen, ist in diesem Zusammenhang das Problem der Omnipräsenz von »Geschlecht«. Auf die von Candace West und Don Zimmerman aufgeworfene Frage »Can we ever avoid doing gender?«[84] haben manche Sozialkonstruktivisten und Sozialkonstruktivistinnen mit einem »Nein« geantwortet, das sie mit der praktischen Unhintergehbarkeit von Geschlecht in Face-to-Face-Interaktionen begründeten. Wie immer das »Erkennen« der Geschlechtszugehörigkeit der jeweiligen Interaktionspartner im Einzelnen funktionieren mag, es sei grundsätzlich davon auszugehen, dass die Geschlechtszugehörigkeit einen Unterschied macht. Zahllose wissenschaftliche Befunde hätten inzwischen belegt, dass es nicht das gleiche ist, wenn Männer und Männer, Frauen und Frauen oder Frauen und Männer interagieren.

Andere äußerten eine gewisse Skepsis gegenüber solchen Befunden, die oft zu nah am Alltagsverständnis blieben und in ihrem dichotomisierenden empirischen Suchfokus (wie verhalten sich Frauen, wie verhalten sich Männer?) immer schon das vorausgesetzt hätten, was eigentlich untersucht werden sollte (wie wird menschliches Verhalten als männliches und weibliches

Verhalten konstruiert?). Entsprechende Untersuchungen müssten daher die Geschlechterkonstruktionen reflektieren, die in ihr eigenes Forschungsdesign eingegangen sind.[85]

Theoretisch-systematisch wirft die Frage nach der Unhintergehbarkeit von Geschlecht in sozialen Interaktionen das Problem auf, worin und wie sich diese Unhintergehbarkeit zeigt und ob Omnipräsenz gleichzusetzen ist mit Omnirelevanz.

Für feministische Positionen, die von einem grundlegenden Zusammenhang von Differenz und Hierarchie ausgehen, die also die Abwertung von Frauen unmittelbar an die Unterscheidung zweier Geschlechter binden, stellt sich die Frage, wie sich diese angenommene Gleichsinnigkeit von Unterscheidung und Abwertung theoretisch lokalisieren lässt und welche politischen Perspektiven sich aus diesen Annahmen ergeben.

Angelika Wetterer formuliert ihre Kritik der Zweigeschlechtlichkeit als Konsequenz einer sozialkonstruktivistischen Perspektive: »Nimmt man den einfachen Sachverhalt ernst und beim Wort ›what is socially constructed can be reconstructed, and social relations can be rearranged‹ (Lorber/Farell 1991: 355), macht es einen erheblichen Unterschied, ob man die Grundstruktur der Geschlechtertrennung und Geschlechterdifferenz einbezieht oder nicht. Tut man es nicht, läge die Perspektive in einer Reformulierung und Enthierarchisierung der Differenz; tut man es, so läge die Perspektive in einer Dekonstruktion der Differenz selbst, und zwar in gewisser Hinsicht auch als Voraussetzung für einen Abbau der Geschlechterhierarchie.«[86] Das Zitat von Lorber/Farell, auf das sich Angelika Wetterer bezieht, sei hier um den unmittelbar folgenden Satz ergänzt, in dem eine diesem Ansatz inhärente politische Utopie erkennbar wird: »A modern social order without gender is possible.«[87]

Die Kritik gilt hier also nicht ausschließlich der Art und Weise der inhaltlichen Auslegung von Geschlechtsunterschieden im Sinne von Eigenschafts- und Wertdifferenzen, sondern grundsätzlich der Unterscheidung zweier Geschlechtskategorien. In jeder Unterscheidung von Zweien, so die Ausgangsannahme, würde unvermeidlich das eine als Maßstab, das andere als Abgeleitetes gelten. In solcher Kritik der Zweigeschlechtlichkeit bleibt allerdings oft undeutlich, was genau unter der binären »Grundstruktur« verstanden wird. Handelt es sich um universelle Formen und Logiken der Kategorisierung im Sinne eines kognitiven Apriori, also um etwas Überhistorisches, wie man auf dem Hintergrund strukturalistischer Auffassungen annehmen könnte? Geht es um zweigeschlechtliche Klassifikation per se, unabhängig davon, ob diese Geschlechterordnung in Papua-Neuguinea, in Grönland, den USA oder Osteuropa angesiedelt ist? Oder geht es um die empirische Feststellung, dass in Kulturen und Gesellschaften wie unserer die Unterscheidung von Männern und Frauen aus historisch zu rekonstruierenden Gründen mit einer relativen Abwertung des Weiblichen einhergeht und dass sich im Kulturvergleich feststellen lässt, dass dieses auch in vielen anderen Gegenden der Welt und unter anderen soziohistorischen Bedingungen der Fall ist?

Erkenntnistheoretisch ist die Annahme, dass binäre Unterscheidungslogik per se Hierarchisierung impliziert, zumindest nicht zu begründen.[88] Die reine Logik des Unterscheidens macht es ebenso möglich, in der Vielfalt zu differenzieren und zwei unterschiedene Kategorien gleichwertig nebeneinander stehen zu lassen.

Die Geschichte rassistischer Klassifikationsmuster und deren Rangordnungen lehrt zudem, dass eine Vervielfältigung von Kategorien nicht vor Hierarchisierungen schützt, sondern dass sie die Zahl der Differenzierungs- und Hierarchisierungsmöglichkeiten erhöht. Andererseits gibt es Befunde der ethnologischen Forschung, die darauf hindeuten, dass in manchen Kulturen ausgeprägte Geschlechtertrennungen nicht mit ungleicher Machtverteilung und unterschiedlichen Wertigkeiten von Männern und Frauen verbunden sind. Auch dies spricht gegen eine ahistorische und universalisierende Verknüpfung von Differenz und Hierarchie.[89]

Bei sozialkonstruktivistisch orientierten Autorinnen, für die die Zweigeschlechtlichkeit selbst zum Angriffspunkt der Kritik wird und die Vorstellungen einer Neutralisierung der Geschlechterdifferenz (de-gendering) oder einer Vervielfältigung von Geschlechtspositionen[90] entwickelt haben, finden sich die deutlichsten Annäherungen an dekonstruktivistische Positionen, wie sie von Judith Butler und anderen Autorinnen aus dem »postmodern« genannten Spektrum formuliert wurden. Gleichzeitig existieren jedoch gravierende Unterschiede in den theoretischen Prämissen, die sich auch auf das jeweilige Verständnis von »Dekonstruktion« auswirken.[91]

Judith Butlers Kritik der Normalisierung

Warum Judith Butlers 1991 erschienenes Buch *Das Unbehagen der Geschlechter* (Originaltitel: *Gender Trouble. Feminism and the Subversion of Identity*) im deutschsprachigen Raum so viel Wirbel verursachen konnte, darüber ist viel spekuliert worden. Unter den theoretisch engagierten jüngeren Feministinnen fühlten sich viele von dem radikalen Gestus dekonstruktiver Kritik der Zweigeschlechtlichkeit angezogen, empfanden ihn als Befreiung des Denkens, andere sahen sich durch ihn provoziert, verunsichert oder lehnten ihn als analytisch zweifelhaft und politisch fatal ab. Erika Haas etwa schreibt in der Einleitung zu dem Band *Verwirrung der Geschlechter. Dekonstruktion und Feminismus* (1995) unter dem Zwischentitel »Let's get rocked« begeistert: »In jedem Fall ist es seit Judith Butler wieder interessant geworden, sich mit feministischer Theorie zu befassen.«[92] Hingegen stellen Kritikerinnen wie Barbara Duden fest: »Es ist an der Zeit, daß wir die Möglichkeit anerkennen, daß es heute auch im sogenannten wissenschaftlichen Gespräch über Frauen in der Geschichte heterogene Positionen gibt, deren Vertreterinnen miteinander nicht mehr sprechen können.«[93]

Heute haben sich die mit Erscheinen von *Gender Trouble* hochgegangenen Wogen zumindest ein Stück weit geglättet. Dazu hat nicht zuletzt Judith Butler selbst beigetragen, die sich durch Kritiken und Nachfragen genötigt sah, ihre Position zu präzisieren und dabei partiell zu revidieren. Nach wie vor gilt die US-amerikanische Philosophin, die an der Universität Berkeley in Kalifornien Rhetorik lehrt, jedoch als exponierte Vertreterin eines dekonstruktiven Feminismus, der dem theoretischen Spektrum des »postmodernism« zugerechnet wird.[94]

In dem Text *Das Ende der Geschlechterdifferenz* von 1997 beschreibt Judith Butler die Geschlechterdifferenz als einen Schauplatz politischer Kämpfe, der sie aus politischen und philosophischen Gründen beschäftigt:

»So wie ich sie verstehe, ist die Geschlechterdifferenz ein Ort, an dem wieder und wieder eine Frage in bezug auf das Verhältnis des Biologischen zum Kulturellen gestellt wird, an dem sie gestellt werden muß und kann, aber wo sie, strenggenommen, nicht beantwortet werden kann. Wenn wir sie als eine Grenzvorstellung verstehen, so hat die Geschlechterdifferenz psychische, somatische und soziale Dimensionen, die sich niemals gänzlich ineinander überführen lassen, die aber deshalb nicht letztlich voneinander abgesetzt sind. Schwankt die Geschlechterdifferenz also hin und her, als eine schwankende Grenze, die eine erneute Artikulation dieser Begriffe ohne jede Vorstellung von Endgültigkeit verlangt? Ist sie daher kein Ding, keine Tatsache, keine Vorannahme, sondern vielmehr ein Verlangen nach erneuter Artikulation, das niemals zur Gänze verschwindet – das sich ebensowenig jemals zur Gänze zeigen wird?!«[95]

Butler schildert, wie auf der Pekinger UN-Weltfrauenkonferenz die Diskussion um das Verhältnis von Sex und Gender zu einem politischen Machtkampf wurde. In dieser Auseinandersetzung versuchten mehrere Mitgliedsstaaten unter Führung der katholischen Kirche durchzusetzen, dass das Wort »Gender« aus dem Aktionsprogramm getilgt und durch den Ausdruck »Sex« ersetzt würde. Der Gender-Begriff wurde vom Vatikan gebrandmarkt, weil er einen Code für Homosexualität darstelle. »Der Vatikan fürchtet sich vor einer Abtrennung der Sexualität vom biologischen Geschlecht, denn das würde die Vorstellung einer sexuellen Praxis einführen, die nicht durch vermeintlich natürliche Fortpflanzungsziele im Zaum gehalten wird.«[96]

Nach Judith Butler kann es nicht darum gehen, eine strikte, ein für allemal gültige Definition des Verhältnisses von Sex und Gender zu verfassen. Wichtiger sei es, die Wege der Begriffe durch die öffentliche Kultur zu verfolgen und die Interessenkonflikte zu untersuchen, die sich in den Diskussionen artikulieren. Ein politisches Engagement bestehe dann darin, sich an solchen Kämpfen um Definitionsmacht, um die Resignifikation von Begriffen und die Verschiebung ihrer Bedeutungen zu beteiligen. Als Beispiel für diese Politik gilt etwa die Veränderung der Bedeutung des einstigen Schmähbegriffs »schwul« durch seine offensive Verwendung seitens der Homosexuellen selbst.

Was in dieser Perspektive unmittelbar nachvollziehbar erscheint, las sich im *Unbehagen der Geschlechter* sperriger und radikaler zugleich. Hier ging es Butler nicht um die empirisch-historische Analyse von Diskurspolitiken in ausmachbaren Interessenkonstellationen, sondern um die fundierenden Strukturen des Denkens der Zweigeschlechtlichkeit, um die dabei vorausgesetzten Kategorien von Identität und Andersheit und deren normierende Wirkungen.

Obwohl Butler mit dem Anspruch, eine »kritische Genealogie der Geschlechter« vorzulegen, ausdrücklich an den Wissenschaftshistoriker Michel Foucault anknüpft, dessen genealogische Studien sich auf historische Konfigurationen von Wissen und Macht und entsprechende Praktiken beziehen, bewegt sich ihre Analyse im geschichts- und empiriefreien Raum metatheoretischer Reflexion. Ihre »Genealogie« zielt auf eine Befragung der grundbegrifflichen Voraussetzungen und der impliziten Logiken des Denkens der Geschlechterdifferenz: In welcher Matrix und welchen Machtformationen bewegt sich dieses Denken?

Gegenstand ihrer Analyse sind wissenschaftliche Theorien und Kategorien, die Vorstellungen vom Subjekt, vom Verhältnis zwischen Natur und Kultur und von Geschlechterdifferenz in unserer Kultur problematisieren und beeinflussen. Die Psychoanalyse Freuds und Lacans, die strukturalistische Kulturtheorie Lévi-Strauss', bestimmte Annahmen Foucaults, Simone de Beauvoirs, Monique Wittigs und anderer bilden das Material für diese Rekonstruktion.

Auch Butler setzt an der Unterscheidung von Sex und Gender an. Ähnlich wie für die ethnomethodologisch-konstruktivistischen Positionen ist für sie diese Unterscheidung kein geeignetes Medium zur Befreiung aus der Klammer biologistisch-naturalistischer Argumentationen. Im Gegenteil, sie sieht darin eine besonders raffinierte Form der Immunisierung gegen Kritik. Ihre These besagt, dass die innere Stabilität und der binäre Rahmen des »Geschlechts« sogar dadurch gesichert würden, dass die Dualität der Geschlechter (Sexes) in ein vordiskursives Feld abgeschoben und als natürlich ausgegeben wird.

Im Durchgang durch verschiedene Theorien untersucht sie die Art und Weise der Konstruktion des Geschlechts (Sex) als das radikal Nichtkonstruierte. Die Leitfrage ihrer Analyse lautet: »Wie müssen wir dann Geschlechtsidentität reformulieren, damit sie auch jene Machtverhältnisse umfaßt, die den Effekt eines vordiskursiven Geschlechts (Sex) hervorbringen und dabei diesen Vorgang der diskursiven Produktion selbst verschleiern?«[97]

Die diskursive Normierung von Geschlechtsidentität vollzieht sich nicht allein durch die Unterscheidung von Frauen und Männern. In Butlers Theorie ist diese Unterscheidung selbst unlösbar verknüpft mit der heterosexuellen Normierung des Begehrens. Der Zusammenhang von Sexualität und Geschlechtszugehörigkeit bezeichnet den Dreh- und Angelpunkt ihrer Theorie. Sie spricht von einer grundlegenden Machtformation, einem Bündnis zwischen dem System der Zwangsheterosexualität und den diskursiven Kategorien, die die Identitätskonzepte des Sexus (Mann/Frau) begründen.

Hier wird spürbar, dass die zuweilen akademisch anmutenden Fragen nach der Matrix der Konstruktion des Subjekts und nach den Grenzen »kultureller Intelligibilität« (Butler) und Geltung durchaus Bodenhaftung haben. Sie stehen in enger Verbindung mit Butlers politischem Engagement im Bereich der »lesbian« bzw. »queer politics« und der Kritik normativer Heterosexualität. Dabei ist bemerkenswert, dass dieser für Butlers Theorie zentrale sexualpolitische Bezug in der hiesigen Rezeption weitgehend marginalisiert wurde: Die Diskussion konzentrierte sich stark auf die Frage nach dem Verhältnis von Körperlichkeit und Diskurs, Butlers damit im Kern zusammenhängende Problematisierung der Heterosexualität wurde dagegen eher im Kontext von Queer-Theory und Lesbenforschung aufgegriffen.[98] Ohne den sexualpolitischen Impetus, der Butlers Kritik der Zweigeschlechtlichkeit von den ethnomethodologisch-konstruktivistischen Varianten unterscheidet, ist die besondere Kontur ihrer Dekonstruktion jedoch nicht nachvollziehbar. Ihr geht es nicht um die Annahme einer »Gleichursprünglichkeit« von Differenz und Hierarchie, sondern um den konstitutiven Zusammenhang von Geschlechterdifferenz und Heterosexualität.

Butlers Überlegungen sind rückgebunden an Erfahrungen von Identitätszwang, von Gewalt, von Ausgrenzung, von Verwerfung. Ihr Blick auf den Produktionszusammenhang von »gender identity« situiert sich auf der anderen Seite der Normalität von Geschlecht, die bevölkert ist mit Körpern und Individuen, denen kulturelle Geltung, Anerkennung, sogar der Status der Person abgesprochen wird. Ihre Parteinahme gilt den durch die Raster des Normalen gefallenen und zugleich durch sie »hervorgebrachten« Kategorien der verworfenen »Sonstigen«: Menschen, die geschlechtlich nicht klar einzuordnen sind, deren Begehren sich nicht in den Bahnen der Heterosexualität bewegt, deren selbst empfundene Geschlechtsidentität nicht zu dem Geschlecht passt, dem sie körperlich zugehören. Von dieser Seite aus gesehen stellen sich nicht nur die hierarchischen Verhältnisse zwischen den Genus-Gruppen, sondern stellt sich die Ordnung des Sexus selbst als etwas dar, was in einem weitreichenden Sinn über kulturelle Geltung und Zurechnungsfähigkeit bestimmt. Nicht Macht und Herrschaft von Männern über Frauen stehen hier also im Mittelpunkt, nicht der phallozentrische Charakter normaler Sexualität und dessen Bedeutung für heterosexuelle Frauen, vielmehr die Lebens- und Anerkennungsinteressen all derjenigen, die im Zuge der kulturellen Normierung von Genus-Gruppen als nicht normal ausgegrenzt werden.

Für Butler basiert jede Möglichkeit von Identität und innerer Kohärenz des Subjekts auf den sprachlich-diskursiven Konstruktionen, Verfahren und Ausschlüssen, welche die Geschlechterdifferenz regulieren. »Da [...] die Identität durch die stabilisierenden Konzepte sex, gender und sexuality abgesichert wird, sieht sich [...] der Begriff der ›Person‹ selbst in Frage gestellt, sobald in der Kultur inkohärente oder diskontinuierlich geschlechtlich bestimmte Wesen auftauchen, die Personen zu sein scheinen, ohne den [...] Geschlechter-Normen kultureller Intelligibilität zu entsprechen, durch die die Personen definiert sind.«[99]

Butler treibt ihre kategoriale Analyse bis zu den Punkten, an denen der Fundierungszusammenhang von körperlichem Geschlecht, Geschlechtsidentität, sexueller Praxis und Begehren aufgesprengt und als kontingent vorstellbar wird: »Wenn wir den kulturell bedingten Status der Geschlechtsidentität als radikal unabhängig vom anatomischen Geschlecht denken, wird die Geschlechtsidentität selbst zu einem freischwebenden Artefakt. Die Begriffe Mann und männlich können dann ebenso einfach einen männlichen und einen weiblichen Körper bezeichnen wie umgekehrt die Kategorien Frau und weiblich.«[100]

Die »politische Genealogie der Geschlechterontologie«, des So-Seins oder So-Scheinens der Geschlechterdifferenz, dient dem Ziel, durch systematische Entnaturalisierung des Denkens von Geschlecht einen Vorstellungsraum für die verschiedensten Konstellationen von Körperlichkeit, Begehren und Identität zu eröffnen. Sie soll – »wenn sie erfolgreich ist – den substantivischen Schein der Geschlechtsidentität in die konstitutiven Akte dekonstruieren, diese Akte innerhalb des Zwangsrahmens verorten und durch die verschiedenen Kräfte erklären, die das gesellschaftliche Erscheinungsbild der Geschlechtsidentität kontrollieren«[101].

Butler orientiert sich an Jacques Derridas Dekonstruktion, wonach jede Vorstellung von Identität, Referenz und Anwesenheit von Sinn im Sprechen metaphysisch ist. Sie nimmt die Mechanismen der sprachlich-diskursiven Konstruktion in den Blick, in denen Sex und Gender »ver-wirklicht« werden, die Formen und Normen ihrer Substanzialisierung. Sachverhalte von Sex und Gender werden in dieser Perspektive gewissermaßen als Sprachverhalte analysiert. Kritisch setzt Butler sich mit Konzepten der humanistischen Tradition auseinander, welche die psychologische Person und Geschlechtsidentität als etwas Substanzielles auffassen, was den Handlungen der Menschen vorausgeht und sich in ihnen nur äußert. Ihr Fazit: »Hinter den Äußerungen der Geschlechtsidentität (gender) liegt keine geschlechtlich bestimmte Identität (gender identity). Vielmehr wird diese Identität gerade performativ durch diese ›Äußerungen‹ konstituiert, die angeblich ihr Resultat sind.«[102]

Damit betont Butler den grundsätzlich performativen und phantasmatischen Charakter von Geschlecht und Geschlechtsidentität. Dies schließt auch das körperliche Geschlecht ein: »Beachten wir, daß es die Sedimentierung der Geschlechter-Normen ist, die das eigentümliche Phänomen des ›natürlichen Geschlechts‹, der ›wirklichen Frau‹ oder jede Art von verbreiteter, zwanghafter gesellschaftlicher Fiktion hervorbringt.«[103]

Die Wirklichkeit des Geschlechts, der substantivische Effekt der Geschlechtsidentität, wird nach Butlers Theorie im Vollzug der performativen Wiederholung, des iterativen Zitierens dieser Normen erzeugt. Diese zitierende Praxis bezeichnet für sie den Mechanismus der kulturellen Reproduktion des binären »Zwangsrahmens« von Geschlecht, den es zu unterminieren gelte. Die Vorstellung, wie diese Subversion der Zweigeschlechtlichkeit zu bewerkstelligen sei, hängt eng mit Butlers performativem Konzept von Geschlechtsidentität zusammen. Sie sieht die Chancen für eine Veränderung dieser Ordnung in der Unabdingbarkeit der Wiederholung selbst begründet: Da die Normen des Geschlechts ein nie erreichbares regulatives Ideal darstellen, gehöre Variation im Zitieren dieser Normen gleichsam zum Modus Vivendi von Geschlechtsidentität. In subversiven Wiederholungen und Verschiebungen der symbolischen Konnotationen von Männlichkeit und Weiblichkeit könne der grundsätzlich phantasmatische Charakter des Geschlechts dokumentiert werden. Butler denkt dabei an Formen der Geschlechterparodie, wie sie in Praktiken der Travestie, des Cross-Dressings und der Stilisierung von sexuellen Identitäten in der schwul-lesbischen Kultur entwickelt wurden. Dabei geht es nicht um die Imitation »echter« Männer und Frauen, sondern, so Butler, um die Parodie des Begriffs des Originals als solches.[104]

Es war vor allem diese Vorstellung von Parodie als Politik, die sowohl auf begeisterte Zustimmung wie auf heftige Ablehnung stieß. In beiden Fällen wurde kaum Aufmerksamkeit darauf gerichtet, dass es Butler weniger um ein alternatives Konzept für feministische Politik zu tun war als darum, die Möglichkeiten einer kulturellen Erweiterung des Politischen in einem spezifischen Kontext auszuleuchten. Sabine Hark hat hervorgehoben, dass Butlers Buch in Deutschland in dieser Hinsicht auf eine Leerstelle traf, sodass die Kontextgebundenheit ihrer Überlegungen nicht erkannt wurde. Ihre Thesen zum performativen Charakter von Geschlecht und zur Politik der Geschlechterparodie seien im angloamerikanischen Raum eingebettet in den Zusammenhang schwul-lesbischer Emanzipationsbewegungen, einer ästhetisch-experimentellen Campkultur, die mit Geschlechtsbedeutungen spielt, und einer ausdifferenzierten Tradition von Cultural Studies, in der die Frage nach der politischen Wirkung kultureller Stile breiten Raum einnehme.[105]

In der Rezeption von *Gender Trouble* standen zwei theoretische Probleme im Mittelpunkt, mit denen sich Judith Butler in ihren nachfolgenden Arbeiten auseinander gesetzt hat: der unklar gebliebene epistemologische Status der körperlichen Materialität des Geschlechts und die Defizite ihres Konzepts der Geschlechterparodie, die sowohl auf normative als auch subjekttheoretische Leerstellen ihres Ansatzes zurückzuführen sind.

Butler hat auf die Kritiken mit einer Reihe von Zurücknahmen und Differenzierungen reagiert. Vor allem hinsichtlich des Vorwurfs des linguistischen Idealismus hat sie schnell klargestellt, dass ihre Ausgangsposition weit weniger spektakulär ist, als ihre »Rhetorik der Irrealisierung« (Hirschauer) im *Unbehagen der Geschlechter* noch suggerierte: »It is one thing to say that bodies are only available through discourse and it's another thing to say that bodies are only discourse. I think that there are two different claims. The first one is an epistemological claim and the second one is an ontological claim. And I am making the epistemological one, but I am taking the epistemological claim out of the perceptual model and I am trying to put it in a linguistic model.«[106]

Neben dem sexualpolitischen Ausgangspunkt ist es diese linguistisch-sprachphilosophische Ausrichtung ihrer Theoriebildung, die Butlers Ansatz von den sich »dekonstruktiv« nennenden Ansätzen aus dem Feld des Sozialkonstruktivismus unterscheidet. Bei Butler geht es um Sprache, Sprechakte und Repräsentation in der Sprache, nicht um empirisch zu rekonstruierende Formen des Wahrnehmens, Zuschreibens und Darstellens von Geschlechtsbedeutungen oder um die Verwendung von »Wissen« in Interaktionen.

In ihren neueren Büchern, *Körper von Gewicht* (1995), *Haß spricht* (1998) und *The Psychic Life of Power* (1997), wird der sprachphilosophisch-linguistische Bezugsrahmen genauer ausgearbeitet. Inhaltlich stehen dabei Fragen der Formierung des Subjekts, das sie als Kreuzungspunkt von Normen des Geschlechts bzw. der Sexualität konzipiert, und Probleme der linguistischen Handlungsfähigkeit (linguistic agency) im Mittelpunkt. Für beide Bereiche ist das Konzept der Performativität zentral, an dem sich sowohl die Entwicklungen als auch die anhaltenden Engführungen in Butlers Ansatz am klarsten ablesen lassen. Wenn Butler Performativität als ritualisiertes Zitieren von normativen Äußerungen konzipiert, stellt sich zum einen die Frage nach der inneren Struktur jener Wiederholungen, durch die der Diskurs angeblich die Wirkungen erzeugt, die er benennt; zum anderen stellt sich das Problem, wie subversive Wiederholungen zustande kommen können. Judith Butlers nach *Gender Trouble* verfasste Schriften kreisen immer wieder um die systematisch-begriffliche Bestimmung von Bedingungen einer solchen subversiven Umdeutung. In Auseinandersetzung mit Austin, Derrida und anderen versucht sie, einen begrifflichen Raum zu öffnen, der Veränderungen zu denken erlaubt, ohne auf die Fiktion eines souveränen (Sprach-)Subjekts zurückgreifen zu müssen. Obwohl sie Derridas Ausblendung des Sozialen kritisiert, bleibt jedoch auch ihr eigener Versuch in dieser Hinsicht unzureichend. Ihre Ausarbeitungen beziehen sich eher auf die begriffliche Unterscheidung unterschiedlicher Formen von Sprechhandlungen und sprachstrukturell angelegten Möglichkeiten der Verschiebung von Bedeutungen als auf die Bestimmung gesellschaftlich-historischer Bedingungen von Normalisierungen wie von Einsprüchen und Potenzialen des Widerständigen.

Die Bedeutung Butlers für die feministische Diskussion ist vor allem darin zu sehen, dass sie radikaler als andere vor ihr das illusionäre Moment feministischer Identitätspolitik zur Sprache gebracht und dass sie den engen normativen Zusammenhang von Sex, Gender und Begehren in den Blick gerückt hat. Die für viele mitreißende Radikalität, mit der Butler wenig explizierte Prämissen feministischer Kritik zur Diskussion stellt, speist sich letztlich aus dem sexualpolitischen Kontext von Erfahrungen der Nicht-Identität, die im wahrsten Sinne des Wortes »queer« liegen zu Normalitätsunterstellungen, die auch in Teile der feministischen Theoriebildung eingegangen sind. Dass dies umgekehrt ihre eigene Theoriebildung und deren organisierendes Zentrum betreffen könnte, wird nicht reflektiert, obwohl es durchaus in der Konsequenz ihres Ansatzes läge. Butler analysiert nicht den Zusammenhang von Geschlechterverhältnissen, Geschlechterdifferenz und Formen der Ungleichheit zwischen Männern und Frauen, sie analysiert auch nicht die gesellschaftliche Organisation von Sexualität und generativer Reproduktion; sie konzentriert sich vielmehr auf den normativen Konnex von Geschlechts*zugehörigkeit* (gender identity) und Heterosexualität. Damit nimmt sie auch in Bezug auf Sexualität, die von Anfang an ein klassisches Feld feministischer Kritik darstellt, einen spezifischen Fokus ein, der aber nicht als selektiver ausgewiesen, sondern im Rahmen ihres grundbegrifflichen Klärungsanspruchs totalisiert wird.

Theoretisch ist ein konstitutiver Zusammenhang zwischen Heterosexualität und körperlicher Zweigeschlechtlichkeit vorausgesetzt. Beide erscheinen bei ihr so »gleichursprünglich« wie Hierarchie und Differenz bei Angelika Wetterer. Diese enge Verbindung von Zweigeschlechtlichkeit und Heterosexualität kann im Rahmen von Butlers kulturell und historisch völlig unspezifiziertem Ansatz nur behauptet und politisch unterstellt, aber nicht belegt werden.

Judith Butler hat mit ihren Texten auch im deutschsprachigen Raum feministische Theoretikerinnen angeregt und herausgefordert. Dabei gibt es neben den eher sexualpolitisch motivierten Rezeptionen im Kontext der Queer-Theory deutlich disziplinspezifische Züge. Das Performanzkonzept von Geschlechtsidentität sowie die epistemologische Frage der Materialität von »Sex« sind insbesondere im kultur- und geisteswissenschaftlichen Spektrum aufgegriffen worden. Die Aufnahme in den Sozialwissenschaften scheint dagegen eher dadurch charakterisiert zu sein, dass durchgängig eine stärkere historische und soziale

Konkretisierung der regulativen Normen von Sex und Gender eingeklagt und zum Teil auch realisiert wird. Es ist kein Zufall, dass in den verschiedenen Studien zur Genealogie und Archäologie der Geschlechterdifferenz, die in diesem Zusammenhang entstanden sind, Butlers Bezugstheoretiker Foucault als (Diskurs-)Historiker stärker zur Geltung kommt als in ihren eigenen Texten.[107]

Eine Reihe von Kritikerinnen hat sich gegen das einseitige Konzept von Normalisierung gewandt, das nur über »Verwerfung« funktioniere. Historische und sozialwissenschaftliche Studien hätten demgegenüber komplexe und widersprüchliche Wirkungsweisen von Normen aufgewiesen. Andere regten an, die von Butler angestoßene Diskussion um die Dekonstruktion der Zweigeschlechtlichkeit im Kontext und als Reflex der neueren technologischen Entwicklungen und der damit verbundenen Phantasmen der Machbarkeit zu verorten.[108]

Die Kritiken sind berechtigt – festzuhalten bleibt jedoch, dass Judith Butlers insistierendes Infragestellen aller Fundierungen dazu beigetragen hat, dass in der feministischen Theorie der Gegenwart die Reflexion auf das »konstitutive Außen« der eigenen Position sowie über die eigenen Aussagebedingungen deutlich zugenommen hat.

Donna Haraways Kritik der Technosciences

Neben der inzwischen vielstimmigen ethnomethodologisch-konstruktivistischen Kritik an der Unterscheidung von Sex und Gender und Judith Butlers dekonstruktiver Analyse der regulativen Normen des Geschlechts haben vor allem die Texte Donna Haraways die feministische Sex-Gender-Debatte beeinflusst. Haraway ist Biologin und Wissenschaftshistorikerin und lehrt an der Universität von Santa Cruz in Kalifornien feministische Theorie. Sie plädiert für eine intensivere Auseinandersetzung antirassistischer und feministischer Wissenschaftler und Wissenschaftlerinnen mit den Technik- und Naturwissenschaften, deren Praktiken nach ihrer Auffassung entscheidend an der »Herausbildung von Ethnien, Konstruktion von Geschlecht, Formierung von Klassen und der diskursiven Produktion von Sexualität«[109] beteiligt waren bzw. sind. Im Zentrum ihrer Arbeiten stehen die Entwicklungen in den neuen Informations-, Kommunikations- und Biotechnologien, den »Technosciences«, wie sie diese in Anlehnung an den französischen Wissenschaftsforscher und Soziologen Bruno Latour nennt. Nach Haraway, die dabei vor allem die US-amerikanische Wissenschaftsentwicklung seit dem Zweiten Weltkrieg im Blick hat, werden im Zuge der wissenschaftlich-technologischen Revolution drei für das westliche Denken fundamentale Unterscheidungen und Grenzziehungen aufgesprengt: die Trennung zwischen Mensch und Tier, die Grenze zwischen Organismus und Maschine sowie die Unterscheidung zwischen Materiellem und Immateriellem.[110] Allen drei Grenzziehungen liegt die Entgegensetzung von Natur und Kultur zugrunde, an die sich historisch immer wieder weitere herrschaftsträchtige Dichotomien angeschlossen haben. Durch die Erosion der Grenzen, die in der Produktion transgener Lebewesen besonders anschaulich wird, werde auch dieser grundlegende Dualismus zunehmend obsolet. »Wenn der Glaube an eine stabile Trennung von Subjekten und Objekten [...] eines der bestimmenden Merkmale der Moderne war, dann ist die Implosion von Subjekten und Objekten in den Wesen, die die Welt am Ende des zweiten Jahrtausends bevölkern, und die allgemeine Anerkennung dieser Implosion [...] das Kennzeichen einer neuen historischen Konfiguration. Viele haben diese Konfiguration ›postmodern‹ genannt.«[111]

Haraways Analysen dieser Konfiguration sind inspiriert von Latours Aktor-Netzwerktheorie, die eine Welt der hybriden Mischwesen beschreibt, welche weder ganz zur Natur noch ganz zur Kultur gehören und in immer größerem Maßstab hergestellt werden. Emblematische Gestalten dafür sind der Embryo im Reagenzglas, der Aids-Virus, das Ozonloch, der Roboter usw. Das Ensemble der Praktiken, innerhalb dessen diese Hybriden fabriziert werden, lässt sich mit den herkömmlichen theoretischen Unterscheidungen nicht begreifen: Sie sind gleichzeitig real wie die Natur, erzählt wie der Diskurs, sozial wie Gesellschaftliches.[112] Sie nötigen zu Formen eines beweglichen und kontextsensiblen Denkens, das sich nicht an überholte Grenzziehungen zwischen wissenschaftlichen Disziplinen hält, und erfordern eine Epistemologie, die die traditionsreichen Dualismen von Subjekt und Objekt, Idealismus und Materialismus, Realismus und Nominalismus usw. zu überwinden sucht.

Zentrale Fragen, die Donna Haraway vor diesem Hintergrund beschäftigen, lauten: Wie tangieren Veränderungen im gesellschaftlich-wissenschaftlichen Umgang mit »Natur« den Sex-Gender-Dualismus, die analytische Unterscheidung zwischen körperlichem und sozialem Geschlecht? In welche Richtung beeinflussen sie die kulturell mächtigen Legierungen von Natur und »Weiblichkeit«, die Konstruktionen von »Rasse« sowie die damit verknüpften Dichotomien rein/unrein, authentisch/künstlich usw.? Welche theoretischen, epistemologischen und politisch-ethischen Konsequenzen sind mit diesem wachsenden Einfluss von Naturwissenschaft und Technik auf Gesellschaft und Umwelt verbunden; wie verändern sich damit die Perspektiven feministischer Kritik?

Für Haraway ist der in vielen Bereichen zu beobachtende Zusammenbruch überkommener Dualismen nicht an sich problematisch. Im Gegenteil, sie sieht darin auch Chancen für die Entwicklung neuer Formen der Ausgestaltung sozialer Verhältnisse, die Hierarchien und Identitätszwänge unterminieren. Unter den gegebenen Bedingungen stehen die Entwicklungen der Technosciences allerdings unter den Imperativen der Verwertung und der Profitmaximierung, eines »Hyper-Produktionismus«[113], der keine ethischen Beschränkungen kennt. Der Titel ihres Bandes *Die Neuerfindung der Natur* drückt, wie Carmen Gransee betont, die ambivalente Einschätzung dieser Entwicklung durch Haraway aus: einerseits die Kritik an der schrankenlosen Verwertung und dem Machbarkeitswahn, dem alles Lebendige zum Rohstoff für die eigenen Fabrikationen wird; andererseits deutet der Titel auch die Möglichkeit eines anderen Umgangs mit Natur an, der jedoch bei Haraway mit den romantischen Vorstellungen mancher früheren Varianten der Entfremdungs- und Herrschaftskritik nicht mehr viel zu tun hat.[114]

Natur bezeichnet bei ihr nicht das »Andere«, das Ursprüngliche, das nichtentfremdete Außerkulturelle, vielmehr ist sie zunächst eine Unterscheidung, die »in der Kultur« stattfindet. In diesem schlichten erkenntnistheoretischen Sinne ist Natur immer schon Kultur – das »An-Sich« der Natur ist nicht »an sich« zugänglich, sondern nur als Unterscheidung. Gleichwohl unterscheiden sich die Arten der Unterscheidung sowohl nach Traditionen des Denkens als auch nach den historisch-gesellschaftlichen und kulturellen Verhältnissen, unter denen sie getroffen und ausgehandelt werden. Unter den Bedingungen spätkapitalistischer Gesellschaften der Gegenwart kommt den Technowissenschaften, den Informations- und Biotechnologien eine besonders große Definitionsmacht zu. Die Macht der Technosciences reicht über bloße Beschreibungen und veränderte Auslegungen von Natur und Naturverhältnissen durch Zugewinn an Erkenntnissen weit hinaus. Sie bezeichnet im wahrsten Sinne des Wortes Neuschöpfungen, Produktionen einer artefaktischen Natur. Im Zuge der postbiologischen Vermischung von Text, Technik und artefaktischer Natur ähneln sich die »Rohstoffe«, die Medien von Beschreibungen und Produktionsprozessen zunehmend an, werden teilweise ununterscheidbar: »In der modernen Biologie läßt sich an Disziplinen wie der Molekulargenetik, der Onkologie, der soziobiologischen Evolutionstheorie oder der Immunbiologie die Übersetzung der gesamten Welt in ein Problem der Kodierung ablesen. Was früher als Organismus betrachtet wurde, ist heute ein Problem der genetischen Kodierung und des Zugriffs auf Information. Die Biotechnologie ist Schreibtechnologie schlechthin, die aus der Forschungspraxis nicht mehr wegzudenken ist. Organismen als Wissensobjekte haben sich gewissermaßen verflüssigt. Zurückgeblieben sind biotische Komponenten, d.h. eine Sonderklasse von Informationsverarbeitungssystemen.«[115]

Haraway begreift in diesem Sinne die modernen Naturwissenschaften als kulturelle Praktiken und Agenturen der Produktion von Bedeutung und Sinn. Als Wissenschaften sind sie gesellschaftlich dazu ermächtigt, Wirkliches und Vermeintliches zu definieren – das unterscheidet die Geltungsansprüche ihrer Form der objektiven Wissensproduktion vom Alltagswissen. Haraway geht jedoch davon aus, dass diese Trennung von objektiv-wissenschaftlichem und Alltagswissen selbst ein fiktionales Moment enthält, insofern sie unterstellt, dass die Wissenschaften frei seien von den Vorurteilen, Interessenbindungen und selektiven Wahrnehmungen, die das Alltagswissen charakterisieren. Für sie sind, bei allem Erkenntnisfortschritt, den sie durchaus anerkennt, auch die (Natur-)Wissenschaften Geschichten erzählende Praktiken. Deren Fakten sind Artefakte, sie sind untrennbar verwoben mit Fiktionen. Jede Form der wissenschaftlichen Empirie impliziert schon in der Form ihrer Versuchsanordnung Theorie; Theorien enthalten unvermeidbar Selektionen und Wertungen. Das Interesse Haraways gilt nun vor allem den Wissenschaften und den Formen der Wissensproduktion, deren Gegenstand die »Naturtatsachen« sind. Ihre Prozesse des Geschichtenerzählens, die Produktion von »Fakten« und deren hegemoniale Wirkungen gelte es zu analysieren, um ihnen – wo nötig – andere Versionen entgegensetzen zu können. Die kritischen Versionen dürften jedoch nicht dem herrschaftsförmig-identitätslogischen Erzählmuster der Technosciences verhaftet bleiben. Stattdessen gehe es darum, ein Verhältnis zur Natur zu (er-)finden, das sich gleichermaßen »jenseits von Verdinglichung, Besitz, Aneignung und Nostalgie« bewegt.[116]

Dazu gehört vor allem die Entwicklung einer Epistemologie, welche die hierarchisierenden Trennungen der überkommenen Erkenntnistheorie überwindet, etwa die eines erkennenden und produzierenden Subjekts auf der einen und eines passiven, instrumentalisierten Objekts auf der anderen Seite.

Gegen die behauptete Objektivität des »view from nowhere« der Wissenschaft setzt Haraway den Perspektivismus eines »situierten Wissens«, das die eigenen Kontextbindungen reflektiert. Sie entwirft ein symmetrisches epistemologisches Modell der Ko-Konstruktion von Welt, in das auch die nichthumanen »Objekte« und Medien von Wissenschaft, die Labortiere, die Instrumente und Geräte, als Bedeutung erzeugende einbezogen sind. Auch sie sind materiell-semiotische Akteure bzw. Aktanten, die auf ihre Weise den Prozess der Wissensproduktion ermöglichen bzw. beschränken.

Haraway kritisiert in diesem Zusammenhang Tendenzen in postmodernen Theorien, die, in der Überspitzung einer zunächst berechtigten Kritik der Ontologisierung von Natur und Körper, jegliche Form des Außerdiskursiven ignorieren oder sogar leugnen. Die Differenz zwischen dem Denken an den Körper und dem Körper als Gedachtem ist hier idealistisch eingezogen. Derartige Formen eines entmaterialisierenden Denkens verkennen nicht nur den bedeutungsstiftenden Eigensinn der Welt der Dinge, sie bleiben darüber hinaus auch dem Verfügungs- und Machbarkeitsdenken des Hyperproduktionismus verhaftet, dem alles zum Material seiner eigenen Schöpfung wird. Demgegenüber steht ihr Ansatz einer »materiellen Dekonstruktion« für den Versuch, »eine Theorie jenseits von Naturalismus oder Entmaterialisierung zu entwerfen: sozusagen einen postmodern aufgeklärten, nachmetaphysischen Materialismus, der einen neuen Naturbegriff jenseits des ›Produktionsparadigmas‹ – der Gleichsetzung von Natur mit Rohmaterial – ermöglicht und mit dem Natur weder in Kultur noch vice versa aufgelöst wird«[117].

Haraways spezifische Bedeutung in der Sex-Gender-Debatte liegt vor diesem Hintergrund insbesondere darin, dass sie im Unterschied zu Butlers sprachphilosophisch begründeter Dekonstruktion und zu manchen Positionen des Sozialkonstruktivismus der körperlichen Wirklichkeit des Sex einen anderen Stellenwert einräumt. Ihre Aufmerksamkeit richtet sich nicht nur auf den Diskurs als »Gestalter des Körpergeschlechts«, sondern auch und vor allem »auf eine Genealogie des Sexes als Gestalter«[118].

Während Judith Butler argumentiert, dass Sex immer schon Gender ist, sofern Sex eine diskursiv-normative Konstruktion bezeichnet, versucht Haraway, nicht durch eine Einengung des Diskursbegriffs auf Sprache vorab zu bestimmen, »wer oder was auf dem Schauplatz des Konstitutionsprozesses aktiv ist«: »Ich benutze den Begriff der diskursiven Konstruktion und verschiebe seine Bedeutungen auf nicht-linguistische Objekte und Praktiken.«[119] Haraway betont, dass Sex und Gender nicht ineinander auflösbar und die Beziehungen zwischen beiden darüber hinaus historisch variabel sind. Sex kann in dieser Perspektive nicht essenzialistisch gedacht werden, weil er eine soziale Konstruktionsgeschichte hat. Ähnlich wie in Argumentationen phänomenologisch orientierter Feministinnen, die der leibhaftigen Evidenz des Körperlichen einen besonderen Stellenwert beimessen, hebt auch Haraway den eigenständigen Einfluss der Materialität der Körper auf soziale Konstruktionsprozesse von Geschlecht hervor. Was solche Ko-Konstruktion erkenntnistheoretisch-systematisch heißen kann, wird von ihr jedoch nicht detailliert ausgelotet. Ihr Hauptinteresse gilt der geschichtlichen Veränderung von Diskursformationen und den wahren Erzählungen der Wissenschaften von der Natur.

Haraways Sicht auf die Wissenschaft als historisches Ensemble heterogener Praktiken hat dabei nicht nur eine kritische, sondern durchaus auch eine politisch-strategische Funktion: Wenn es kein monolithischer Block eines Herrschaftsapparats ist, dem man sich gegenübersieht, dann bedarf es auch keines »monolithischen Politikmodells« nach dem bekannten Muster linker Politik. Und wenn ferner stimmt, dass alle Entitäten, einschließlich des Subjekts, »Effekte der Relationalität« sind, die niemals als abgeschlossen, dauerhaft und unabhängig konstituiert sind, dann werden vielfältige Ansatzpunkte und Möglichkeiten der Einmischung vorstellbar: »In diesem Spiel verfügen wir über mehr als nur eine Konstitution, und wir befinden uns nicht nur an einem einzigen Ort. Verortung ist keine Frage der Empirie, man kann nicht auflisten, wo man sich befindet. Man ist immer gezwungen, irgendwie, in irgendeinem Sinn konstitutiv und produktiv zu sein. Verantwortlichkeit hat für mich dann etwas damit zu tun, wie wir unter uns Verbindungen aufbauen, wie wir uns selbst zusammenfügen und wie wir zusammengefügt sind.«[120]

Grenzüberschreitungen und Lust am sprachlichen Experimentieren sind charakteristische Merkmale der Arbeiten Donna

Haraways. In ihrem Schreiben mischen sich die Genres, sie verknüpft wie selbstverständlich den Wissenschaftsdiskurs mit Topoi der Science-Fiction und Figuren der lokalen Mythologie. Die Cyborg, der »trickster« der indianischen Tradition und die »topick gods«, lokale Göttinnen bzw. materialisierte rhetorische Figuren, bevölkern ihre Texte. Viele ihrer Aufsätze sind wissenschaftliche Analysen, textuelle Performances und politische Manifeste zugleich. Das experimentelle, ironische Moment ihres Schreibens hat dazu geführt, dass Haraway – ähnlich wie Butler – als postmoderne Autorin etikettiert wird. Sie selbst hat sich gegenüber dem Diskurs des Postmodernismus des Öfteren kritisch geäußert, konzediert jedoch eine »postmoderne Sympathie für materialisierte Tropen«, für bildhafte Sprachverdichtungen, »die uns vom Weg abbringen« und damit das Denken anregen.[121]

Haraways wissenschaftliche Kreativität und Originalität, die sich mit offenem politischem Engagement verbindet, hat sie zu einer wichtigen Theoretikerin des Feminismus werden lassen. Für die Sex-Gender-Debatte war es vor allem der Versuch, einen dekonstruktiven Impetus mit einer materialistischen und historischen Perspektive zu verbinden, der ihr kritische Aufmerksamkeit gesichert hat. Strittig ist in der Diskussion ihrer Texte aber, ob Haraway letztlich wirklich ihre Intention einlöst. So haben Regina Becker-Schmidt und Jutta Weber auf die Ambivalenz in Haraways Versuch hingewiesen, dem Materiellen, Dinglichen und Eigenwilligen des Körperlichen und Natürlichen einen anderen erkenntnistheoretischen Status zu geben, indem sie die Objekte neben den Subjekten zu handelnden »Akteuren« in einer gemeinsamen Ko-Konstruktion ernennt. Ihre symmetrische Positionierung suggeriere eine Ebenbürtigkeit, die das anhaltende Fortbestehen von Herrschaft und Hierarchien zwischen menschlichen und nichtmenschlichen Lebewesen tendenziell ausblende. Überdies sei Haraways Strategie, die Subjekte und Objekte »in fungible, immer wieder neu zerlegbare Akteure aufzulösen, den Strategien der Entmaterialisierung, wie sie in der Technoscience selbst praktiziert werden, auffällig ähnlich«[122].

Neben der fehlenden Vermittlung von Erkenntniskritik und Gesellschaftstheorie, d.h. der Rückbindung ihres epistemologischen Modells an eine ausgearbeitete Vorstellung gesellschaftlicher Machtverhältnisse, in die Wissenschaft eingebettet ist[123], wird Haraways Ansatz auch ein normatives Defizit vorgehalten. Zwar argumentiere sie aus einem antirassistischen und antisexistischen politischen Impetus heraus, ihre Theorie bleibe jedoch normativ unbegründet. Wenn Haraway dafür plädiert, die Verwischung der Grenzen zwischen Kultur und Natur, Maschine und Organismus, Mensch und Tier »zu genießen und gleichzeitig Verantwortung bei ihrer Konstruktion« zu übernehmen, so bleibt laut Kathrin Braun zu klären, nach welchen Kriterien sich eine »verantwortungsvolle« Konstruktion bemisst. Haraways Empfehlung, nach dem »cui bono« zu fragen, reiche dazu nicht aus. Vor dem Hintergrund des bioethischen utilitaristischen Diskurses, der zentral mit dem Kriterium des Nutzens operiert, erscheine die von Haraway begrüßte Auflösung der Grenzen von Mensch, Tier und Maschine als prekär. Gerade der bioethische Utilitarismus arbeite seit den Siebzigerjahren daran, die Kategorie des Menschen zu zersetzen, um jene Unterscheidung von »Mensch« und »Person« zu erreichen, die das Einfallstor für Vorschläge zur Verwertung und Ausschlachtung all jener darstelle, die den Status der »Person« nicht erreichen. Haraways antiessenzialistische Humanismuskritik müsse sich daher die Frage gefallen lassen, ob diese Position systematisch betrachtet nicht auf dieselben Konsequenzen hinauslaufe.[124]

3. Achsen der Differenz – Strukturen der Ungleichheit

von Gudrun-Axeli Knapp

Während in den Forschungen zum Geschlechterverhältnis die gesellschaftliche Konstellation der Genus-Gruppen im Zentrum steht und in der Sex-Gender-Debatte das symbolische Ordnungssystem der Zweigeschlechtlichkeit sowie die in diskursiven Konstruktionen von Geschlechterdifferenz wirkenden Machtverhältnisse beleuchtet werden, sammelt sich ein weiterer Strang der feministischen Theoriediskussion unter dem Stichwort der »Differenzen«. Gegenüber der Vorrangigkeit von Fragen der Geschlechterdifferenz soll der Plural ins Bewusstsein rücken, dass es nicht nur zwischen den Genus-Gruppen, sondern auch innerhalb der Geschlechter Ungleichheit und Verschiedenheit gibt.

Nun ist die Einsicht, dass Frauen keine homogene Gesamtheit sind, durchaus nicht so neu, wie es in gängigen Kurzfassungen der Entwicklungsgeschichte der Frauenforschung gern unterstellt wird. Sie durchzieht bereits die ersten Anthologien mit Schriften aus der feministischen Bewegung, etwa die von Robin Morgan herausgegebene viel gelesene Sammlung *Sisterhood is powerful* (1970), in der Probleme rassistischer Trennlinien unter Frauen ebenso reflektiert werden wie die Ausblendung von Schichtunterschieden und die Lebensverhältnisse lesbischer Frauen.[125] Auch im deutschsprachigen Feminismus haben Fragen der sozialen Ungleichheit unter Frauen sowie die Kritik heterosexueller Normativität von Anfang an eine gewisse Rolle gespielt.[126] Gleichwohl ist unübersehbar, dass sich in den vergangenen Jahren sowohl die Formen der Thematisierung als auch die politisch-kulturellen Rahmenbedingungen der Diskussion gewandelt haben. Die Emphase der Entdeckung der Gemeinsamkeiten von Frauen, der Formen struktureller und personeller Gewalt, denen Frauen in allen Schichten und über Unterschiede der Hautfarbe, Herkunft und sexuellen Orientierung hinweg ausgesetzt sind, weil sie Frauen sind, erscheint zum Ende der Neunzigerjahre in der angloamerikanischen Frauen- und Geschlechterforschung und den durch sie beeinflussten Strömungen in Westeuropa deutlich relativiert; sie ist ein Stück weit ersetzt durch eine Emphase der Differenz: »Die große neue, inzwischen unzählige Male wiederholte Einsicht dieser Zeit lautet zusammengefaßt: Der feministische Blick auf das Geschlechterverhältnis als die zentrale Konfliktlinie übersieht oder vernachlässigt andere wichtige gesellschaftliche Konfliktlinien und damit auch wesentliche Differenzen zwischen Frauen.«[127]

Die Debatte um »Achsen der Differenz«[128] verläuft ungleichzeitig und vielförmig. In ihr spiegeln sich sowohl spezifische gesellschaftliche Problemlagen als auch wissenschaftliche Traditionen und Entwicklungen in den einzelnen Ländern. Weder in Großbritannien noch in Australien oder den deutschsprachigen Ländern hat die Diskussion – wenn auch aus unterschiedlichen Gründen – je die Vehemenz entwickelt, die für Nordamerika charakteristisch ist. In den Konstellationen von Ungleichheit und Verschiedenheit, die jeweils im Vordergrund stehen, reflektiert sich die Zusammensetzung von Bevölkerungen, die Artikuliertheit von Minderheiten ebenso wie die Organisationsformen politischer Öffentlichkeit und das kulturelle Klima der jeweiligen Gesellschaft.

Trotz unterschiedlicher Akzentsetzungen geht es systematisch gesehen jedoch immer wieder um dieselben Probleme: um die Frage nach Frauen als dem Kollektivsubjekt feministischer Politik, um die epistemologische Frage nach dem Erkenntnissubjekt feministischer Theorie und den Geltungsansprüchen feministischer Kritik sowie um die theoretisch-analytische Frage nach den Relationen zwischen sozialen Ungleichheitslagen und den unterschiedlichen Formen kultureller Differenz unter Frauen.

Welche theoretischen und politischen Konsequenzen letztlich mit den Aufmerksamkeitsverschiebungen in der jüngeren feministischen Diskussion verbunden sind, ist derzeit nicht abzusehen. Der »Szenewechsel ist noch so neu, noch so in vollem Gange, daß er kaum als solcher begriffen und reflektiert wird«[129]. Unter diesem Vorbehalt soll zunächst ein kurzer Rückblick auf die Entwicklung dieser Diskussion gegeben werden. Dabei geht es besonders darum, zu verdeutlichen, in welchem Maße die Debatte durch ihren Entstehungskontext, die politische Kultur und Gesellschaft der USA, geprägt ist. Ausgehend von dem zwiefältigen Begriff der Repräsentation, der in diesem Zusammenhang zentral ist, wird die Verquickung von epistemologischen und politischen Fragen im Umfeld der »identity politics« beleuchtet. Am Beispiel des Entwurfs von Iris Marion Young zu einer »Politik der Differenz« werden abschließend charakteristische Konturen und theoretische Probleme der Diskussion erörtert.

Aspekte einer Genealogie

Es liegt nahe, dass in klassischen Einwanderungsländern wie Kanada und vor allem den USA die Diskussion um Unterschiede der sozialen und kulturellen Herkunft von Frauen besonders früh begann. Zunächst waren es Angehörige von Minderheiten, die darauf aufmerksam machten, dass ein gut Teil der Begriffe, die feministische Wissenschaftlerinnen zur Analyse von Geschlechterverhältnissen entwickelt hatten, auf ihre spezifische

Situation gar nicht oder nur teilweise zutrafen. Teresa de Lauretis erinnert an die Anfänge dieser Diskussion in den USA:

»Wenn ein praktisches Datum gebraucht wird, könnte man sagen, dass der Wechsel im feministischen Bewusstsein, der in diesem Jahrzehnt stattgefunden hat, 1981 begonnen hat, dem Jahr, in dem ›Die Brücke, die mein Rücken heißt‹, eine Sammlung von Schriften radikaler farbiger Frauen, von Cherrie Maroga und Gloria Anzaldúa herausgegeben wurde, 1982 gefolgt von Gloria Hulls, Patricia Bell Scotts und Barbara Smith' Anthologie mit dem Titel ›Alle Schwarzen sind Männer, aber einige von uns sind tapfer‹. Es waren diese Bücher, die als erste allen Feministinnen die Gefühle, die Analysen und die politischen Positionen farbiger Feministinnen vermittelten und sie mit ihrer Kritik des weißen Mainstream-Feminismus bekannt machten. Der Wandel im feministischen Bewusstsein, der ursprünglich durch solche Bücher hervorgerufen wurde, lässt sich am besten als wachsende Aufmerksamkeit und Bereitschaft charakterisieren, die eigene Komplizenschaft mit Ideologien zu reflektieren. Mit Ideologien im Allgemeinen (einschließlich Klassenideologien oder Ideologien des bürgerlichen Liberalismus, Rassismus, Kolonialismus, Imperialismus und, so würde ich mit Einschränkungen ergänzen, des Humanismus) und der Ideologie von Geschlecht im Besonderen, genauer gesagt, der Ideologie des Heterosexismus.«[130]

Die nordamerikanische Auseinandersetzung mit der Diversität des feministischen Kollektivsubjekts Frauen ist wesentlich von zwei Strömungen getragen: zum einen von den stark identitätspolitisch agierenden Bewegungen von Minderheiten, die um Sichtbarkeit und Zurkenntnisnahme ihrer sozialen Situation sowie um die Anerkennung von kulturellen Eigenheiten ringen; zum anderen von den dekonstruktivistischen Ansätzen in der neueren feministischen Theoriebildung, für die jede Form der identitätspolitischen Fundierung von Kritik scheitern muss, weil sie zwangsläufig neue Ausschlüsse produziert. Die beiden Strömungen stehen in einem Spannungsverhältnis. Ist für Identitätspolitik die Formulierung gemeinsamer Probleme, Erfahrungen und die (positive) Bestimmung von Gruppeneigenschaften unabdingbar, so geht es dekonstruktivistischen Ansätzen um die Kritik der verdinglichenden, essenzialisierenden und naturalisierenden Züge in solchen Konstruktionen kollektiver Identitäten. Bei genauerem Hinsehen zeigt sich jedoch, dass weder die identitätspolitische noch die dekonstruktivistische Richtung einheitlich ist. Und in manchen Feldern der Diskussion gibt es Überschneidungen zwischen beiden, die vor allem politisch motiviert sind.

So hat sich im Kontext der »postcolonial theory«, die stark von identitäts*kritischen* Ansätzen geprägt ist, gleichwohl ein Bewusstsein für die Notwendigkeit der Artikulation kollektiver Interessen erhalten; Konstruktionen eines Allgemeinen, denen im dekonstruktivistischen Spektrum ansonsten eher mit Misstrauen begegnet wird, erscheinen aus politischen Gründen unverzichtbar.[131] Im »Black Feminism« hat sich, obgleich er von Anfang an eine deutlich identitäts*politische* Ausrichtung hatte, die Diskussion nie auf Fragen einer bloßen Anerkennung von Differenz beschränkt, wie dies im Umfeld eines affirmativpluralistischen Postmodernismus geschah. Der »Black Feminism« war stets stärker als andere Richtungen in den USA mit Fragen ökonomischer Ungleichheit, der historischen Verknüpfung von Klassenverhältnissen und Rassismen befasst.[132] Aus der Kritik von Diskriminierung qua Hautfarbe und vor dem Hintergrund einer Geschichte der Ungleichheit in einer Sklaven haltenden Gesellschaft erwuchs ein antireduktionistisches Potenzial, das ein Stück weit vor Tendenzen schützte, Ungleichheit in bloße Diversität oder in mikrosoziologische Prozesse der symbolischen Distinktion, des »doing difference« aufzulösen.[133]

De Lauretis verweist auf das »radikale epistemologische Potenzial«, das sich in der feministischen Diskussion der Achtzigerjahre und darüber hinaus andeutet: »Zwar geht es gewiss nach wie vor um ein im Rahmen der Geschlechterordnung konstituiertes, aber nicht allein durch sexuelle Differenz, sondern durch verschiedene Sprachen und kulturelle Repräsentationen bestimmtes Subjekt. Es geht um ein Subjekt, das sich in der Erfahrung von Rasse und Klasse sowie sexuellen Beziehungen ver-geschlechtlicht (en-gendered); ein Subjekt, das daher nicht einheitlich, sondern vielfältig ist, weniger gespalten als widersprüchlich.«[134]

Das kritische Potenzial dieses multiplen und widersprüchlichen Subjekts, das sich im Klima eines kulturellen Aufbruchs artikulierte, hat die wissenschaftliche und politische Kultur in den USA verändert. In den so genannten Kanon-Kriegen (canon wars) ging es nicht mehr nur um das »Einschreiben« bisher marginalisierter Erfahrungen in die Bestände der Wissenschaften im Sinne einer Ergänzung und Komplettierung, sondern um »die politischen, sozialen und erkenntnistheoretischen Grundlagen eines Machtverhältnisses, das soziale Kategorien wie Ethnizität, Geschlecht und Klasse zugunsten eines weiß-männlich-christlichen Kulturverständnisses unberücksichtigt ließ bzw. ›neutralisiert‹ hatte«[135]. Feministische Theorien, Gay Studies, die African-, Asian-, Native- und Hispano-American-Studies sowie die postmoderne Anthropologie und Historiographie untersuchten aus ihren jeweiligen Perspektiven die Konstellationen von Wissen und Macht sowie die den politischen und wissenschaftlichen Diskursen inhärenten Repräsentations- und Ausgrenzungsstrategien.[136] Damit wurden nicht nur die verschwiegenen Grundlagen der Theorien des wissenschaftlichen Mainstreams zum Gegenstand intensiver Erörterungen, ihre androzentrische und ethnozentrische Ausrichtung; innerhalb des Feminismus setzte die Kritik sich in einer radikalisierten Form von Selbstreflexion fort. In der Epistemologiedebatte standen Fragen nach den Geltungsgründen feministischer Kritik und nach den Voraussetzungen, auf denen das feministische Subjekt des Wissens beruht, im Vordergrund: Wer spricht vor welchem Erfahrungshintergrund mit welchem Recht in wessen Namen? In dieser Diskussion, die in den USA aufgrund der besseren Verankerung feministischer Theorie in allen Disziplinen, einschließlich der Philosophie, breit geführt wurde und wird, hat sich inzwischen ein Spektrum unterschiedlicher erkenntnistheoretischer Positionen herausgebildet.[137] Anders als im deutschsprachigen Raum, wo diese Auseinandersetzung bisher keine vergleichbare Intensität erreicht hat, sind im angloamerikanischen Kontext zahllose Texte zur Frage des epistemischen Subjekts des Feminismus verfasst worden; 1998 erschienen zwei Sonderausgaben der renommierten philosophischen Zeitschrift *Hypatia*, die dem Thema »Border Crossings: Multicultural and Postcolonial Feminist Challenges to Philosophy« gewidmet waren; eine im Feld dieser Diskussion engagierte kulturwissenschaftliche Zeitschrift führt den programmatischen Namen *differences*.

Es ist hier unmöglich, die verschiedenen erkenntnistheoretischen Ansätze zu referieren, die in diesem Rahmen entstanden sind. Die Grundkoordinaten der feministischen Epistemologiediskussion lassen sich gleichwohl bezeichnen. Sie bewegt sich, wie Cornelia Klinger herausgearbeitet hat, im Spannungsfeld zwischen einem notwendig dezentrierten und relativierten Begriff des Erkenntnissubjekts einerseits und einem gleichzeitigen Festhalten an der Möglichkeit von Erkenntnis und einer grundsätzlichen Kritik von Gesellschaft andererseits. Dass der Feminismus mit einem relativierten Begriff des Erkenntnissubjekts auskommen muss, ergibt sich als Konsequenz seiner eigenen Auseinandersetzung mit den objektivistischen Idealen der philosophischen Tradition. Der vermeintlich neutrale Blick des Beobachters, der »view from nowhere«, hat sich allzu oft als borniert entpuppt. Feministinnen finden sich nun, sofern ihre

Analysen wissenschaftliche Geltung beanspruchen, ihrerseits damit konfrontiert, Rechenschaft über ihre eigenen Perspektiven, die Situierung ihres Blicks geben zu müssen. Dies erfordert die (Selbst-)Reflexion über die eigenen Aussagebedingungen, über implizite Homogenitätsunterstellungen sowie das Nachdenken über Kontext- und Interessenbindungen auch des feministischen Wissens. Obwohl die feministische Kritik die Bedeutung der Kontextbezogenheit des Denkens hervorgehoben hat – und insofern zuweilen eine gewisse Verwandtschaft mit postmoderner Erkenntniskritik registriert wird –, erscheint das verabsolutierte Ideal einer vollständigen Kontextualisierung, der Verzicht auf universalistische normative Konzepte, wie er von postmodernen Ansätzen intendiert ist, als letztlich unvereinbar mit feministischen Perspektiven. Hier liegt ein »dream of everywhere«[138] zugrunde, der für eine feministische Theorie untauglich ist, da er in seiner Konsequenz zu Relativismus und Indifferenz führen muss.[139] Ein im Zusammenhang dieser Diskussion zentraler Begriff ist, wie erwähnt, der Begriff der Repräsentation. Unter seinem Dach ließen sich erkenntnistheoretische und politische Fragen miteinander verknüpfen. Während es in der erkenntnistheoretischen Auseinandersetzung vor allem um das Verhältnis von Erkenntnisgegenstand und seiner sprachlich-symbolischen Re-Präsentation geht, zielt die politische Frage der Repräsentation darauf, Frauen in ihrer Diversität zur Geltung zu bringen. Aber wer sind die zu repräsentierenden »Frauen«?

Die notorischen Schwierigkeiten, dies in einer Weise zu definieren, die nicht wiederum mit Ausschließungen verbunden ist, haben zu einer gewissen Redundanz in diesem Diskurs geführt. Viele Protagonistinnen kommentieren inzwischen die in neueren Texten unausweichliche Formel von »race, class, gender, sexuality, ethnicity etc.« als eine zwar politisch korrekte, aber analytisch in der Regel unbefriedigende Aufzählung, die eher auf theoretische Desiderate als auf ein komplexes Verständnis der bezeichneten Verhältnisse hinweist. Judith Butler macht sich über das unvermeidliche und dabei doch lehrreiche »etcetera« lustig, den Überschuss, den jeder Versuch beinhaltet, ein »situiertes Subjekt« zu fassen. Mit dem »etc.« am Ende der Formel wird die Möglichkeit von Weiterungen eröffnet, etwa Alter, Religion, Nationalität, Behinderung, bis auch diese Fortsetzung wieder mit einem »etc.« abgeschlossen wird. Die starke Konzentration auf Repräsentation, die vor allem für die philosophische und literaturwissenschaftliche Diskussion charakteristisch ist, sowie die damit einhergehende Notwendigkeit der Bestimmung eines wie auch immer diversen Subjekts der Repräsentation haben zusammen mit der identitätstheoretischen Ausrichtung in Teilen der Debatte zu einer theoretischen Verengung der Perspektive geführt. Es ist auffällig, dass die Diskussion überwiegend in einer Terminologie des »Subjekts« und der »identities« geführt wird. Zwar ist unter dem Einfluss dekonstruktivistischer Perspektiven eine gewisse Sensibilität gegenüber homogenisierenden Übersetzungen kultureller Differenz in Identitätsbegriffe entstanden[140], postkoloniale Konzeptionen von Hybridität, Subalternität, von Cyborg- oder Borderland-Identitäten haben Konjunktur.[141] Die unterschiedlichen gesellschaftlich-kulturellen Konstitutionsverhältnisse aber, die mit den Kategorien Geschlecht, Sexualität, Klasse, Rasse und Ethnizität verbunden sind, sind bislang unzureichend ausgelotet. Dieser sozialwissenschaftlich-gesellschaftsanalytische Mangel der Diskussion gründet nicht nur in den Spezialisierungen der jeweils dominanten Disziplinen oder in den Zufälligkeiten theoretischer Vorlieben, er hängt mit allgemeineren gesellschaftlich-politischen Entwicklungen zusammen, die im US-amerikanischen Kontext zu einer spezifischen Konstellation von Theorie und Politik geführt haben. Diese Entwicklung sei kurz skizziert, um vor diesem Hintergrund Iris Youngs Konzept einer »Politik der Differenz« vorzustellen.

Kontexte der Identitätspolitik

Politisch ist die Diskussion um die »Differenzen unter Frauen« in den allgemeineren Zusammenhang einer Krise überkommener linker Gesellschaftskritik und Politik eingebettet, die mit der Ausdifferenzierung sozialer Bewegungen in den Achtzigerjahren begann und sich nach 1989 mit dem Scheitern des so genannten Realsozialismus und dem Erstarken des Wirtschaftsliberalismus immer deutlicher manifestierte. Im Zuge dieser Entwicklung vollzog sich eine Umorientierung in wissenschaftlichen Konzepten der Gesellschaftsanalyse, verbunden mit einem weitgehenden Bedeutungsverlust marxistisch orientierter Gesellschaftstheorie und ihrer Aufmerksamkeit für Klassenverhältnisse der modernen Gesellschaft sowie die politische Ökonomie des Kapitalismus. Die allmähliche Überlagerung einer gesellschaftstheoretischen durch eine kulturtheoretische Terminologie und das Dominantwerden konstruktivistischer und sprachtheoretischer Theorievarianten gehören zu den immer wieder hervorgehobenen Symptomen dieser Tendenz, die ihrerseits als Reaktionen auf früher verbreitete Formen eines ökonomischen Reduktionismus und Funktionalismus in den kritisierten Traditionen zu verstehen sind.

Verändert haben sich auch die Vorstellungsräume des Politischen; Nancy Fraser spricht von einem »postsozialistischen Zustand«.

»Der ›postsozialistische Zustand‹ betrifft einen Wechsel in der Grammatik der politischen Forderungen. Forderungen einzelner Gruppen nach

Anerkennung ihrer Differenz sind in letzter Zeit zunehmend in den Vordergrund gerückt und haben manchmal sogar Forderungen nach sozialer Gleichheit verdrängt. Dieses Phänomen lässt sich auf zwei Ebenen beobachten. Empirisch haben wir natürlich den Aufstieg der ›Identitätspolitik‹ beobachten können, den Bedeutungsverlust des Klassenbegriffs und bis vor kurzem den Niedergang der Sozialdemokratie. Genauer betrachtet, erleben wir jedoch einen offenkundigen Wandel der politischen Vorstellungen, insbesondere der Vorstellungen von Gerechtigkeit. [...] Das Ergebnis ist eine Abkoppelung kultureller von sozialer Politik und die verhältnismäßig starke Verdrängung der letzten durch die erste.«[142]

Der gegenwärtige Stellenwert einer Politik der Differenz oder Identitätspolitik sowie einer Politik der Anerkennung[143] wird in der amerikanischen Diskussion von zwei Seiten begründet: zum einen von der traditionell starken Bedeutung her, die der Formulierung von Gruppenidentitäten im Institutionengefüge des amerikanischen Wohlfahrtsstaates zukommt. Dieser öffentlichen Bedeutung von Gruppenzugehörigkeiten korrespondiert im multikulturellen Nordamerika das in der Alltagskultur stets präsente Bewusstsein von »Herkunft« oder ethnischen »roots« der Bevölkerung. Zum anderen wird die Frage von Politiken der Differenz auf die widersprüchlichen Tendenzen gegenwärtiger Gesellschaftsentwicklung bezogen, die Gleichzeitigkeit von globaler Integration und Wiederaufflammen ethnischer, nationalistischer und kultureller Separationsbestrebungen. Vor diesem Hintergrund gewinnt die Frage nach dem politischen Umgang mit Differenz eine besondere Aktualität.

Auf den ersten der beiden Aspekte sei kurz eingegangen, da sich an ihm der spezifisch amerikanische Hintergrund der Debatte um Differenzen veranschaulichen lässt.

Der amerikanische Wohlfahrtsstaat fördert, darauf haben Daniel Bell[144], Seyla Benhabib und andere hingewiesen, eine öffentlich-politische Kultur der Bildung von Gruppenidentitäten,

»weil er das Netz sozialer Gleichheit über eine bloße Einkommensverteilung hinaus ausdehnt, um in den wichtigsten Bereichen der Gesellschaft wie Gesundheit, Ausbildung und Wohnung Chancengleichheit zu erreichen«[145]. In der öffentlichen Artikulation von Benachteiligungen etabliert sich eine »›Logik vergleichbarer Diskriminierungen‹, die wiederum eine Kultur der ›korporativen Gruppenidentitäten‹ fördert. Durch die sozialpolitische Anerkennung der gruppenspezifischen Diskriminierungs- und Benachteiligungsformen entsteht eine Kultur der korporativen Gerechtigkeit.«[146] Der amerikanische Wohlfahrtsstaat, so Benhabib, ist im Gegensatz zu seinen europäischen Pendants einmalig in der Hinsicht, dass er »typische Umverteilungsstrategien in den Bereichen Sozialversicherung, Arbeitslosenunterstützung, Rente, Gesundheitswesen und Wohnungsbeihilfen mit der Einlösung der Forderungen der Bürgerrechtsbewegung und später mit der Durchsetzung geschlechtlicher und ethnischer Gleichheit verband«[147]. Er kombiniert auf eigene Weise universelle Rechtsansprüche und Rechte »äußerst partikularistischer Prägung, indem sie die Zugehörigkeit zu einem Geschlecht oder einer Rasse entweder als legitime Basis für Verteilungsansprüche anerkennen oder bei der administrativen Durchführung der verschiedenen sozialpolitischen Maßnahmen die Auswahl der Begünstigten nach diesen identitätsspezifischen Merkmalen vornehmen«[148]. Im Zuge der Konkretisierung und Umsetzung des Civil Rights Act von 1964, der Diskriminierung aufgrund von Rasse, Geschlecht, Religion usw. verbot, wurde eine Reihe zu schützender Gruppen definiert.

»Der Historiker David Hollinger hat die Kategorie der geschützten Gruppen oder offiziell anerkannter Minderheiten als ›Teile des multiethnischen Pentagons‹ bezeichnet. Dieses Pentagon setzt sich folgendermaßen zusammen: 1. Afro-Amerikaner; 2. Amerikaner asiatischer Herkunft und von den pazifischen Inseln; 3. amerikanische Ureinwohner; 4. Eskimos und Einwohner Alaskas; 5. ›alle anderen‹. In diese Gruppe gehören Amerikaner aus Polen und Italien wie auch die Amerikaner aus dem Iran und dem Nahen Osten, die alle in ›dieselbe‹ Kategorie der ›Weißen‹ eingeordnet werden. Die Verwirrung um den Begriff der ›Gruppe‹ im zeitgenössischen Denken resultiert nicht unerheblich aus einem Mangel an soziologischer Genauigkeit bei der Definition von konkreten gesellschaftlichen Gruppen.«[149]

Ohne diesen Hintergrund ist die Bedeutung, die der Frage von Gruppenidentitäten in der amerikanischen Kultur und Politik zukommt, nicht zu verstehen. Die feministische Diskussion um »Achsen der Differenz« befindet sich im Zentrum dieser Problematik.

Iris Youngs »Politik der Differenz«

In ihrem Buch *Justice and the Politics of Difference* (1990) setzt sich Iris Young, Professorin für »Public and International Affairs« in Pittsburgh, mit dem Problem auseinander, dass universalistische Konzeptionen des Staatsbürgerstatus und demokratischer Rechte Gefahr laufen, Unterschieden in den sozialen Lebensverhältnissen und kulturellen Hintergründen bestimmter Bevölkerungsgruppen nicht gerecht zu werden. Dieser Einsicht liegt das bekannte Gleichheitsdilemma zugrunde, wonach Ungleichheit fortgeschrieben wird, wenn Ungleiches gleich behandelt wird.

Aber wie werden »Ungleichheit« und »Gerechtigkeit« bestimmt? Hier schlägt Young eine Erweiterung vor: Konzeptionen von Gerechtigkeit, die Ansprüche der neuen sozialen Bewegungen aufnehmen – als Beispiele nennt sie Feminismus, Befreiungsbewegung der Schwarzen, Indianerbewegungen und Homosexuellenbewegung –, sollten sich nicht länger auf Fragen der ökonomischen Ungleichheit bzw. der Verteilungsgerechtigkeit konzentrieren, sondern auch außerökonomische Formen der Benachteiligung in den Blick nehmen.

In der Konsequenz ihrer Kritik linker wie liberaler Modelle politischer Teilhabe und Öffentlichkeit entwickelt sie das Konzept einer »heterogenen Öffentlichkeit« und die Forderung nach gruppenspezifischen Repräsentationsregeln, deren Basis die Anerkennung von Differenzen ist. Politisch hat sie dabei das Ideal einer »Regenbogenkoalition« vor Augen, die durch wechselseitigen Respekt und Lernen an der Differenz geprägt ist.

»Eine demokratische Öffentlichkeit [...] sollte Mechanismen bereitstellen zur wirksamen Vertretung und Anerkennung der unterschiedlichsten Stimmen und Perspektiven, die denjenigen Gruppen gehören, die konstitutive Bestandteile dieser Öffentlichkeit sind und die in ihr unterdrückt und benachteiligt sind.«[150]

Young entwickelt ein Konzept der Unterdrückung, das fünf Merkmale umfasst, die hinreichende Kriterien abgeben sollen, um von der Marginalisierung oder Unterdrückung einer sozialen Gruppe sprechen zu können: Die Arbeit der Angehörigen dieser Gruppe wird einseitig angeeignet (Ausbeutung), sie sind sozial ausgegrenzt (Marginalisierung), der Autorität anderer unterworfen (Machtlosigkeit), sie werden als Gruppe stereotypisiert, ihre Erfahrungen werden gesellschaftlich-kulturell unsichtbar gemacht (Kulturimperialismus), sie erleiden willkürliche Gewalt oder Schikane, die durch Gruppenhass oder -angst motiviert ist.[151]

Für die USA nennt Young folgende Gruppen, auf die ihre Kriterien zutreffen: Frauen, Schwarze, amerikanische Indianer, Chicanos, Puertoricaner und andere spanisch sprechende Amerikaner, asiatische Amerikaner, Schwule, Lesben, Angehörige der Arbeiterklasse, Arme, Alte sowie geistig und körperlich Behinderte.[152] Kritikerinnen haben bemerkt, dass nach Youngs Kriterien potenziell die Berücksichtigung einer unendlichen Zahl von »Differenzen« eingeklagt werden könnte.[153] Nach Berechnungen von Will Kymlicka fallen rund achtzig Prozent der amerikanischen Bevölkerung unter ihre Kategorie der Unterdrückten.[154]

Nun ist die Begrifflichkeit, mit der Iris Young arbeitet, nicht nur sehr weit gefasst, sie bleibt analytisch auch recht vage. Young schreibt eher aus einer pragmatischen und politisch-normativen Orientierung heraus als mit dem Interesse, eine sozialwissenschaftliche Strukturanalyse von Ungleichheitsformen vorzulegen. Insofern kann sie auch keine Kriterien entwickeln, nach denen das spezifische gesellschaftliche Gewicht und die strukturelle Verankerung der unterschiedlichen Unterdrückungsformen bestimmt werden könnten. Für Young selbst ist dies kein Mangel, sie vermeidet ganz bewusst jede Gewichtung, um nicht in die alten Fallen einer Aufspaltung und Hierarchisierung »harter« ökonomischer und abgeleiteter, »weicher« kultureller Varianten der Benachteiligung zu tappen. So nachvollziehbar dieses Motiv sein mag, so sind die Konsequenzen, die sie zieht, gleichwohl die falschen. Anstatt das spezifische Ineinandergreifen ökonomischer und symbolisch-kultureller Unterdrückung in Bezug auf Geschlecht, Hautfarbe, Klassenverhältnisse, Ethnizität für die Gesellschaft Nordamerikas auszuleuchten, um die politischen Implikationen und Möglichkeitsräume zu ermitteln, belässt sie es bei einer ebenso oberflächlich wie formalistisch anmutenden Auflistung.

Ähnlich formal wie die Beschreibung der »five faces of oppression« bleibt auch ihr Versuch zu bestimmen, durch welche Merkmale sich »Frauen«, bei all ihrer Verschiedenheit, als Gruppe fassen lassen. Kritisch kommentiert sie frühere feministische Versuche in dieser Richtung. So seien etwa Überlegungen, multiple Geschlechtsidentitäten oder Geschlechtspositionen zu konstruieren, problematisch, da sie auf internen Vereinheitlichungen der anderen Kategorien beruhen: »Wenn man etwa ›amerikanisch-indianische Frau‹ als eigene Identität konzeptualisiert, die sich von der Identität ›weiße Frau‹ unterscheidet, nimmt man implizit an, daß ›amerikanisch-indianisch‹ oder ›weiß‹ stabile Kategorien sind. [...] In der Gruppe der amerikanischen Indianer gibt es klassenspezifische, regionale, religiöse und ethnische Unterschiede genauso wie Geschlechtsunterschiede.«[155]

Ihr eigener Vorschlag lautet, Frausein als Phänomen »serieller Kollektivität« zu interpretieren. Das Konzept mache es überflüssig, gemeinsame Eigenschaften zu identifizieren, und es sei auch keine gemeinsame »weibliche Identität« impliziert. Mit der Bestimmung von Geschlecht als sozialer Serie, als einer bestimmten Form sozialer Kollektivität, bezieht sich Young auf Überlegungen von Jean-Paul Sartre, der zwischen Serie und Gruppe unterscheidet. Während der Begriff der Gruppe ein Gruppenbewusstsein und gegenseitige Anerkennung der Gruppenmitglieder beinhaltet, entsteht die Einheit der Serie durch äußere Rahmenbedingungen, die Individuen objektiv positionieren und in eine gemeinsame Situation versetzen. Während die Gruppe also gewissermaßen eine Kategorie angeeigneter und bewusster Gemeinsamkeit darstellt, bezeichnet die serielle Kollektivität allenfalls ein latentes Potenzial, sich als Gruppe zu organisieren. Die Anklänge an die im marxistischen Kontext gebräuchliche Unterscheidung von Klasse »an sich« und Klasse »für sich« sind nicht zu überhören.

Young geht davon aus, dass sich das Konzept der Serialität dazu eignet, die Beziehungen zwischen kollektiven Strukturen wie Rasse, Klasse, Geschlecht und dem Individuum zu erfassen, »denn als serielle Strukturen definieren sie nicht notwendig die individuelle Identität und benennen auch nicht zwangsläufig gemeinsame Eigenschaften. Es sind materielle Strukturen, die aus den historisch erstarrten institutionalisierten Handlungen und Erwartungen einzelner entstehen [...]. Die Position eines Menschen in den einzelnen Serien unterscheidet seine Erfahrungen und Wahrnehmungen von denen anderer, die seriell anders situiert sind. Aber es gibt viele verschiedene Möglichkeiten, sich zu dieser sozialen Positionierung zu verhalten.«[156] Angesichts der gängigen Engführungen in der identitätspolitischen Diskussion ist positiv hervorzuheben, dass Young mit der Unterscheidung von »Serie« und »Gruppe« einen Raum für Unterscheidungen zwischen objektiven Verhältnissen und deren subjektiven Aneignungen öffnet, der häufig durch subjektivistische und identitätstheoretische Begrifflichkeiten nivelliert erscheint.

Hinsichtlich der Frage des Geschlechterverhältnisses bleiben Iris Youngs Ausführungen zu Gruppendifferenzen allerdings recht unspezifisch. Zwar argumentiert sie aus einer feministischen Perspektive heraus, legt aber kein ausgearbeitetes Konzept von »Geschlecht« vor, wie sie selbst in einem Gespräch mit Katharina Pühl eingesteht.[157] Sie belässt es bei Hinweisen auf die Eigenmächtigkeit gewachsener Strukturen, der »praktisch inerten Realität«, wie sie sie mit Sartre nennt, unternimmt jedoch keine nähere Bestimmung jener historisch-spezifischen Strukturzusammenhänge und kulturellen Formationen, in denen Differenzen als soziale Relationen historisch entstanden sind und wirksam werden. Nancy Fraser hat zu Recht angemahnt, systematische Differenzen zwischen den Differenzen nicht zu unterschlagen. Während es bei Formen ökonomischer Ungleichheit letztlich um deren Aufhebung oder doch wenigstens um Politiken der Umverteilung gehe, müssen ethnische Differenzen oder Differenzen der sexuellen Orientierung nicht abgeschafft, sondern anerkannt werden. Youngs Konzept, so der

Tenor zahlreicher Kritiken, habe eine Schlagseite in Richtung einer Überbetonung von Differenzen, die eher kultureller und nur sekundär ökonomischer Herkunft sind.

So richtig diese Einwände sind, so bleibt doch festzuhalten, dass auch den Kritikern und Kritikerinnen eine überzeugende Konzeptualisierung der Spezifika und des Ineinandergreifens der verschiedenen Verhältnisse für die nordamerikanische Gesellschaft bisher nicht gelungen ist. Seyla Benhabib wendet sich denn auch zu Recht gegen den verbreiteten »voreiligen Normativismus« und »soziologischen Reduktionismus« in dieser Debatte.[158]

Die notwendigen Klärungen betreffen insbesondere die Konzeptualisierung von Klasse in Relation zu Rasse und Gender. Auch bei Wissenschaftlerinnen wie Nancy Fraser, die Wichtiges zu dieser Debatte beigetragen hat, ist das Konzept ökonomischer Unterdrückung nicht besonders klar: Sie operiert pragmatisch-eklektizistisch mit einem an Max Weber angelehnten Klassenbegriff[159], der immer wieder durch eine marxistisch anmutende Terminologie überdeckt wird. Damit wird die analytische Grundlage undeutlich, auf der sie zu dem Vorschlag kommt, ökonomische Ungleichheit durch Redistribution zu bekämpfen. Aus der Perspektive der marxschen Theorie zumindest würde eine Politik der Umverteilung die Grundstruktur der kapitalistischen Ökonomie und der Klassenverhältnisse unangetastet lassen.[160] Ähnlich schillernd und unterschiedlich wie die Verwendung des Klassenbegriffs in dieser Diskussion[161] ist auch der Gebrauch des Konzepts der »Rasse«. Die geläufige affirmative Verwendung des »Race«-Begriffs in den USA, der mit einer Kritik des »racism« einhergeht, muss vor dem Hintergrund der deutschen Geschichte irritieren, die den politischen Charakter essenzialistischer Konstruktionen von »Rasse« auf grausame Weise offenkundig gemacht hat.[162]

Im deutschsprachigen Feminismus ist die Diskussion um »Achsen der Differenz« noch vergleichsweise marginal. Unübersehbar ist jedoch, dass die Thematisierung der Unterschiede unter Frauen ebenso wie Thesen über eine sich daraus ergebende »Dezentrierung« des feministischen Zentralbegriffs »Geschlecht« auch hier an Bedeutung gewinnen. Die vernehmbarer werdende Betonung der Verschiedenheit von Frauen ist zum einen beeinflusst durch die Rezeption englischsprachiger Texte, zum anderen durch die kaum noch zu übersehende Tatsache, dass auch Deutschland, Österreich und die Schweiz seit langem Einwanderungsländer sind.[163]

Eine der bedeutendsten Veränderungen im deutschsprachigen feministischen Diskurs dürfte darin liegen, dass sich nun zunehmend Feministinnen nichtdeutscher Herkunft zu Wort melden, die ihre Erfahrungen in die wissenschaftliche und frauenpolitische Diskussion einbringen. Es ist kein Zufall, dass Fragen der Ethnizität und die widersprüchlichen Erfahrungen von Migrantinnen dabei ein besonderes Gewicht haben.[164] Während der starke identitätspolitische Impetus der Betonung von Unterschieden unter Frauen hierzulande zumeist fehlt, hat sich unter dem Einfluss neuerer Sozialdiagnosen und dekonstruktivistischer Ansätze eine spezifische Diskurskonstellation entwickelt, die den Eindruck eines tief greifenden Wandels sowohl im wissenschaftlichen Blick als auch in der sozialen Wirklichkeit von Geschlechterverhältnissen vermittelt. Cornelia Klinger zieht ein vorläufiges Fazit der Diskussion um Achsen der Differenz:

»Der grundsätzlich richtige und notwendige Impuls einer anti-universalistischen und anti-essentialistischen Öffnung der feministischen Debatte in Richtung auf eine adäquatere Berücksichtigung von Differenzen zwischen Frauen sieht sich mit einer Vielzahl von erkenntnistheoretischen, methodologischen und praktischen Problemen konfrontiert. Insoweit und solange diese Probleme ungelöst sind, ist das Unbehagen, daß aus der eigentlich angestrebten Erweiterung des Horizonts eine Schwächung, wenn nicht gar eine Gefährdung feministischer Theorie und Praxis resultieren kann, nicht von der Hand zu weisen: Die einseitige Betonung der Differenzen zwischen Frauen kann dazu beitragen, die Bedeutung der gesellschaftlich-politischen Konfliktlinie des Geschlechterverhältnisses aus dem Blickfeld verschwinden zu lassen.«[165]

Sie erinnert in diesem Zusammenhang an das merkwürdige Phänomen der schlechten Sichtbarkeit des Geschlechterverhältnisses als Macht- und Herrschaftszusammenhang, das sich wie ein immer wiederkehrendes Muster in Formen der Naturalisierung und Entdiskursivierung manifestiert. So stellt etwa Simone de Beauvoir im Vorwort zu *Le deuxième sexe*, dem Buch, das als Gründungsurkunde des neueren Feminismus gelten kann, die Überlegung an, »ob ein solches Buch überhaupt noch zeitgemäß, ob nicht die Emanzipation der Frau längst errungen und ob nicht andere Probleme ungleich dringender und wichtiger seien als gerade dieses«[166].

Cornelia Klinger gibt zu bedenken, ob die auffallende Leichtigkeit und Geschwindigkeit, mit der die Rede vom Bedeutungsverlust der Kategorie »Geschlecht« verbreitet wird, nicht mit dem alten Übel, dem spezifischen Unsichtbarsein des Geschlechterverhältnisses bzw. dem jederzeit möglichen Unsichtbarwerden in einem Zusammenhang stehe.[167]

Damit die notwendige Einsicht in soziale und kulturelle Unterschiede zwischen Frauen dazu beiträgt, das Kritikpotenzial feministischer Theorie zu schärfen, und nicht selbst zum Symptom einer Verdeckung der verbreiteten ungleichen Positionierung von Frauen und Männern wird, ist es unabdingbar, die in diesem Feld typische Konzentration auf Frauen aufzugeben, in der sich – paradoxerweise – ein Mangel der alten Frauenforschung fortsetzt, die hier ja gerade verabschiedet werden soll. Das Geschlechterverhältnis erschließt sich – wie der Name sagt – durch den Blick auf Relationen. Um Relationen geht es aber auch bei den anderen Achsen der Differenz: Wen sie in welchen Verhältnissen wie trennen und verbinden, kann an der Genus-Gruppe Frauen allein nicht erkannt werden.

4. Feministische Debatten zur Subjektkonstitution

von Regina Becker-Schmidt

Rückblick: Subjektivität »am Rande«

Subjekttheoretische Problemstellungen sind an den Schnittstellen zwischen Individuum und Gesellschaft, Machtverhältnissen und politischer Partizipation bzw. politischem Widerstand, Innen- und Außenwelt angesiedelt. Hier ergeben sich Fragen nach der Vermittlung von Subjektivität und ihren soziokulturellen Voraussetzungen: Wie gewinnen Menschen einen Subjektstatus; wie entstehen *in den Individuen* Vorstellungen von Identität und Nichtidentität, von Geschlechtszugehörigkeit und Geschlechterdifferenzen, von Mechanismen der gesellschaftlichen Verortung und der Zugehörigkeit zu sozialen Gruppen, von Herrschaft und Beherrschtwerden?

In den Theorien, die in den vorigen Kapiteln erläutert wurden, fehlen Ansätze, die sich expressis verbis mit der Kategorie »Subjekt« beschäftigen. Sieht man einmal von der Foucault-Rezeption und der feministischen Psychoanalysediskussion ab, so gibt es in der Frauen- und Geschlechterforschung wenig dezidierte Auseinandersetzungen mit diesem Begriff. Wo sie stattfinden, wird das Gewicht auf den Zusammenhang von sozialer Ordnung, Subjekt und Geschlecht gelegt. Dabei spielt in der psychoanalytischen Debatte die Frage eine wichtige Rolle, ob Sozialisationsprozesse, in denen Individualität Gestalt annimmt, geschlechtsspezifisch verlaufen.

Lassen wir die feministischen Strömungen, die wir behandelt haben, noch einmal kurz Revue passieren, um abzuklären, wo sie sich durch andere Schwerpunktsetzungen von subjekttheoretischen Positionen abgrenzen, während sich dennoch Berührungspunkte ergeben.

Diejenigen Wissenschaftlerinnen, die sich der Kritik am Subjektbegriff anschließen, wie sie in der Postmoderne laut geworden ist, arbeiten sich an ihm ab, um ihn als metaphysisches Phantasma aufzulösen. Er erscheint ihnen aus mehreren Gründen suspekt. In der philosophischen Tradition der Aufklärung suggeriert er die Existenz einer universellen Erkenntnisquelle: »Vernunft« gilt ihr als unbezweifelbares Instrument der Wahrheitsfindung. Geschichtsphilosophisch regt er zur Legendenbildung an, zur Hypostasierung und Heroisierung von avantgardistischen Kräften, die als Kollektivsubjekte auftreten und versprechen, die Welt im Interesse aller zu revolutionieren. Als Idealbild des Bürgers repräsentiert er die Illusion des autonomen, rationalen, freien Individuums. Jane Flax geht von dieser Kritik an der Moderne aus und ergänzt sie aus feministischer Perspektive. Der Subjektbegriff der Aufklärung vertritt Ideale eines als männlich gedachten Geistwesens – das ist bis in die Gegenwart virulent geblieben und bedarf der Korrektur.[168] Für Flax hat die feministische Theorie »in dem Moment den postmodernen Diskurs betreten und sich daran beteiligt, in dem wir angefangen haben, die Begriffe ›Vernunft‹, ›Wissen‹ und ›Subjekt‹ zu dekonstruieren und die Auswirkungen der Geschlechter-Arrangements aufzudecken, die hinter den neutralen und universellen Fassaden verborgen waren«[169]. Nicht nur der bewusstseinsphilosophisch konzipierte Subjektbegriff steht zur Disposition, sondern jede Vorstellung vom in sich stimmigen, nach außen klar abgegrenzten, die Objektwelt beherrschenden Individuum.[170]

Im ersten Kapitel standen Theorien im Mittelpunkt, die aus frauenpolitischer Sicht den Zusammenhang von Sozialgeschichte, Gesellschaftsentwicklung und der Herausbildung von Geschlechterverhältnissen untersuchen. »Geschlecht« wird hier als strukturierendes Moment für die Gliederung der Bevölkerung, Formen der Arbeitsteilung und sozialer Kontrolle sowie die gesellschaftliche Organisation von Sexualität interpretiert. Obwohl institutionelle Rahmenbedingungen für Geschlechterbeziehungen im Vordergrund stehen, gibt es Übergänge zur Subjektseite: die Konstruktion von Geschlechtscharakteren, mit denen Frauen und Männer identifiziert werden und sich identifizieren; Biografieverläufe, die sich – was soziale Chancen betrifft – für Angehörige des weiblichen Geschlechts anders auswirken als für Angehörige des männlichen. Die Art und Weise jedoch, wie Konflikte geschlechtlicher Ungleichbehandlung psychisch verarbeitet oder wie Weiblichkeit und Männlichkeit verinnerlicht werden, ist nicht mehr Thema der gesellschaftstheoretisch ausgerichteten Geschlechterforschung. Allerdings ist sie, wo sie an einer Subjekt-Objekt-Dialektik festhält, eng mit kulturkritischen Positionen der Psychoanalyse verbunden. Maya Nadig erklärt die Nähe von feministischer Sozialwissenschaft und psychoanalytischen Projekten, die in subjektiven Konflikten gesellschaftliche Probleme aufsuchen, damit, dass »sie in ähnlich gelagerten Gegenstandsbereichen Erkenntnis gewinnen wollen: am Fremden, am Unbeachteten, am Unterdrückten«[171].

Feministische Theorien, die ethnomethodologische und wissenssoziologische, im engeren Sinn konstruktivistische Ansätze präsentieren, verfolgen in erster Linie, wie Aussagesysteme über Geschlechter und Geschlechterdifferenzen zustande kommen und wie sie funktionieren. Nicht wie Frauen oder Männer als Personen beschaffen sind, ist von Interesse, sondern die Wissensbestände und Alltagsarrangements, aus denen kulturelle Muster von Weiblichkeit und Männlichkeit stammen. Geschlecht und Geschlechterdifferenz gelten als Konstruktionen, die sich auf einer vorwiegend normativen Ebene konstituieren: in symbolischen Ordnungen, durch Sprache und diskursiv vermitteltes Handeln. Das Subjekt erscheint als Intersubjekt, als Effekt von Interaktionen. Soziostrukturelle Verhältnisse, Lebensumstände, Biografien und psychische Strukturbildungen finden in diese Theorien kaum Eingang. Da aber sozial generierte Geschlechterbilder, Diskurse über Weiblichkeit/Männlichkeit und sexuierte Praxen, mit denen Menschen täglich in Berührung kommen, ihnen nicht äußerlich bleiben können, sind all diese Phänomene nolens volens Bestandteil der Subjektkonstitution.

Auch die Diskussionen um »identity politics« und »political identity«, die soziale Differenzen unter Frauen betonen, auf Gemeinsamkeiten zwischen ihnen aber gleichzeitig nicht verzichten wollen, legen es nahe, zumindest den Identitätsbegriff subjekttheoretisch zu reflektieren. Weder sind Frauen bestimmter Ethnien oder anderer sozialer Zugehörigkeiten, die zu Gruppenbildungen Anlass geben, unter dem Gesichtspunkt ideeller und materieller Interessen auf einen Nenner zu bringen, noch ist jede einzelne Frau mit sich im Einklang. Ihre Stellung in der Gesellschaft ist nicht konfliktfrei, sei es aufgrund ihrer Hautfarbe, ihrer Klasse oder Genus-Zugehörigkeit. Soziale Friktionen stören die psychische Balance.

Nach diesem Rückblick lassen sich die Facetten benennen, die die Widersprüchlichkeit des Subjektbegriffs ausmachen: gesellschaftliche Bestimmtheit – relativer Eigensinn; Sprache, Vernunft – Irrationalität; Leib – Seele; bewusste – nicht bewusste Intentionalität; gebrochene Erfahrungs-, Erkenntnis- und Handlungsfähigkeit.

Die Zwiespältigkeit, die den Subjektbegriff kennzeichnet, ist schon in seinem Wortsinn angelegt: »Subjekt« heißt zum einen

Unterliegendes, d.h. Voraussetzung von Aktivität und Gestaltung; zum anderen Unterlegenes, d.h. etwas, was Verhältnissen unterworfen ist. Eben darauf zielt das Substantiv »Konstitution« ab: Was konstituiert ist, verdankt sich Bedingungen und ist unter bestimmten Umständen entstanden.[172] Bisher ist es keiner feministischen Subjekttheorie gelungen, die psychischen wie die gesellschaftlichen Dimensionen solcher Vermittlungen gleichermaßen einzufangen.

Wenden wir uns jenen feministischen Ansätzen zu, die zumindest Elemente dieses komplexen Nexus ins Zentrum ihrer Forschung rücken. Dies sind vor allem Ansätze, die sich an den Schriften von Michel Foucault und Sigmund Freud abarbeiten.

Orientierungen an Michel Foucault

Es gibt eine Reihe von Wissenschaftlerinnen, für die Foucault ein wichtiger Bezugstheoretiker ist. Mit Mitteln der Diskursanalyse haben sie in unterschiedlichen Disziplinen relevante Befunde zum Zusammenhang von Geschlecht und Subjektivität zutage gefördert. Einige Beispiele mögen das illustrieren. In eigenwilliger Weise hat sich Judith Butler an Foucault abgearbeitet. Im Gegensatz zu ihm, der in seinen Machtanalysen die Innenseite des Subjekts ausspart, entwickelt sie in ihren Schriften *Körper von Gewicht. Die diskursiven Grenzen des Geschlechts* (1995) und *Psyche der Macht. Das Subjekt der Unterwerfung* (2001) theoretische Ansätze, die der Differenz zwischen weiblicher und männlicher Ich-Strukturierung nachgehen. Dabei bezieht sie sich auf Freuds Studien zur Melancholie. Nach Freud können Melancholiker den Verlust eines Liebesobjekts nicht betrauern. Sie müssen verleugnen, es je begehrt zu haben. In einem solchen Akt der Verneinung bleiben sie jedoch dem Objekt verhaftet, indem sie es sich durch Identifizierung einverleiben. Butler lehnt sich an dieses Modell an. Ihrer Meinung nach reagieren Mädchen und Jungen in ähnlicher Weise auf das kulturelle Verbot homosexueller Neigungen. Sie werden verworfen, d.h. nicht nur ins Unbewusste verdrängt, sondern dort auch der Symbolisierung entzogen. So wird Homosexualität zu einem Schrecken, der ein für alle Mal aus dem Bewusstsein verbannt werden muss. Jede Identifikation mit Liebesobjekten, die an »Homosexualität« gemahnen, müssen verweigert werden. Aus diesem Grunde bezeichnet Butler das Phänomen »Geschlecht«, für dessen Genese gleichgeschlechtliche Beziehungen in der frühen Kindheit konstitutiv sind, als ein »melchancholisches«.[173] Das Mädchen bleibt an die Mutter durch eine fragile Identifikation gebunden: Die Nachahmung der Mutter ist belastet, weil sie an die Beziehung zum ersten Liebesobjekt zu erinnern droht, das als gleichgeschlechtliches (und inszestuöses) einem kulturellen Verbot unterliegt.[174] Für den Jungen ist die Identifikation mit der Mutter nach Butler ein Horror, weil sie ihn »weibisch« macht. Das Tabu »Homosexualität«, das den Weg zur Heterosexualität erzwingt, führt bei ihm zu einem zwanghaften und forcierten Ausagieren von Maskulinität.[175] Seine Abwehr alles Mütterlichen entspringt zudem der narzisstischen Kränkung, zu Beginn seines Lebens von einer Frau abhängig gewesen zu sein. Trotz aller Ungenauigkeiten im Umgang mit der Psychoanalyse treffen Butlers Überlegungen zur Formation des männlichen Ichs doch etwas Markantes: Aus welchen Gründen das männliche Geschlecht »Weiblichkeit« auch immer von sich abweist und entwertet, sie ist Widersacherin seines Verlangens nach Selbstgewissheit und Unabhängigkeit.

Hannelore Bublitz zeigt in ihrer soziologischen Untersuchung *Das Geschlecht der Moderne*, wie am Ende des 19. Jahrhunderts an der Rede von der »Feminisierung der Kultur« eine Verunsicherung männlicher Identitätssetzungen ablesbar wird.[176]

Die foucaultsche Subjekttheorie hat die epistemologischen und wissensgenetischen Projekte von Donna Haraway beeinflusst, die naturwissenschaftliche Forschung mit kulturwissenschaftlichen Problemstellungen verbindet. »Subjekt« ist für sie eine Objektivation, eingeschrieben in die Matrix von Körper-Semiotik-Wissen. Es konstituiert und verkörpert sich in Wissensproduktionen. Haraway demonstriert in ihrem Aufsatz *Anspruchsloser Zeuge*, welche Folgen es hat, wenn Wissenschaftler sich als geschlechtsneutrale Individuen darstellen und ihren Androzentrismus deshalb nicht reflektieren können. Feministisches Denken legt dagegen nicht nur die raum-zeitlichen Koordinaten frei, innerhalb deren Erkenntnisse von begrenzter Reichweite gewonnen werden; es berücksichtigt auch, inwieweit die Subjekte der Wissensproduktion in die Probleme verwickelt sind, die sie erforschen. Es folgt nicht einfach modernen Naturwissenschaften, die zwar – wie etwa die Physik – die traditionelle Entgegensetzung von Subjekt und Objekt aufheben, dann aber nicht in Rechnung stellen, welches Geschlecht der Mensch hat, der in die Objektivität eingreift.[177]

Teresa de Lauretis benennt die erkenntnistheoretischen Dilemmata, in die Wissenschaftlerinnen geraten, wenn sie versuchen, »weibliche Subjektivität« ohne rationale Durchdringung ihrer geschichtlichen Zurichtung zu bestimmen. Weiblichkeit muss erst als diskursives Produkt, das unter angebbaren patriarchalen Machtbedingungen zustande gekommen ist, bewusst geworden sein, ehe diese über Frauen verhängte Subjektivität durch Reflexion gebrochen werden kann. De Lauretis siedelt »das Paradox Frau« an solchen rhetorischen Bruchstellen an, wo es »gleichzeitig in und außerhalb der Ideologie« ist.[178] Ihre Argumentation lässt sich gegen alle Versuche wenden, weibliche Subjektivität – sei es auf der kollektiven oder individuellen Ebene – identitätslogisch zu begründen.

Foucault hat seine Theorie des Zusammenhangs von Wissen, Macht, Diskurs und Subjekt ohne besondere Berücksichtigung der Kategorie »Geschlecht« konzipiert. Gibt es von feministischer Seite deswegen Einwände gegen seine Theorie vom Subjekt?

Klären wir zunächst, was Foucault unter der Konstitution des Subjekts versteht. Als Bestimmungsmoment des Subjekts nennt er in erster Linie Machtdiskurse. Individuen sind Machteffekte von Rhetoriken, die in bestimmten historisch-gesellschaftlichen Praxen wirksam werden.[179] Foucault bezweifelt nicht die Existenz von Individuen. Er demontiert vielmehr die Idee einer transzendentalen Instanz, die im Medium universalen Denkens Wahrheit begründet, sowie identitätslogische Konstruktionen von Subjektivität.

Foucault versucht, nicht nur macht-, sondern auch gesellschaftstheoretisch zu argumentieren. Die soziale Ordnung, in der sich die ihr unterworfenen Individuen einrichten, wird durch Machtdiskurse gestiftet. Aber Subjektkonstitution ist, wie Bublitz nachweist, bei Foucault kein undialektischer Prozess: Einerseits ergreifen »Macht-Worte« psychisch und körperlich Besitz von den Menschen; andererseits beziehen sie selbst Position in der diskursiven Matrix. Damit stellt Foucault die fundierende Rolle des Subjekts für die Herstellung von Wirklichkeit und Erkenntnis zwar in Frage und verwandelt Subjektivität in eine historische (Diskurs-)Struktur.[180] Aber das Subjekt wird nicht jeglicher Einflussnahme beraubt. Welches Gewicht Foucault ihm zugesteht, bleibt allerdings ungeklärt. Da das Subjekt bei ihm nur Epiphänomen der Macht ist, muss von einem Übergewicht der Machtdiskurse ausgegangen werden. Subjektivität äußert sich »auf der Oberfläche bewegter Kräfteverhältnisse der Macht. Das Individuum zirkuliert [...] in den Maschen der Machtnetze, die Individuen gleichzeitig als Verbindungselemente von Machtpositionen kennen.«[181]

Bei Foucault bekommt der Doppelsinn von »Subjekt«, Unterliegendes und Unterlegenes, eine spezifische Wendung: Es verdankt sich Objektivierungs- und Subjektivierungspraktiken. Es wird diskursiv erzeugt und erzeugt sich selbst diskursiv. Wissenschaftliche Verfahren, institutionelle Regeln und Techniken der Individuen, sich durch Fragmentierung, Abspaltung und Neuzusammensetzung in Machtdiskurse einzupassen, bringen Subjekte hervor und unterwerfen sie gleichzeitig den Überzeugungssystemen, die sich historisch in immer neuen Konstellationen herausbilden.[182] Das traditionelle, scheinbar in sich stimmige Subjekt löst sich in eine Serie von Subjektivitäten auf. Nach Ansicht von Bublitz lässt gerade die Theorie vom fragmentierten, widersprüchlichen Subjekt, eingereiht in unterschiedliche Bedeutungsketten von Diskursordnungen, die Möglichkeit zu, dass sich »Identitäten nach Hautfarbe, Ethnizität, Rasse, Klasse und Geschlecht konstituieren«[183].

Was heißt aber unter solchen Umständen »Identität«? Und was geschieht, wenn Menschen von diskursiver Macht ausgeschlossen sind? Wenn sie aufgrund dieses Ausschlusses, der ja mit dem Entzug von Herrschaftsmitteln (Eigentumsbildung, Wissensaneignung, Verfügung über Militär, Technik, Recht, Produktionsmittel u.a.) einhergeht, keinen Subjektstatus in Anspruch nehmen können? Machtdiskurse evozieren Subjektivität, verhindern sie jedoch auch. Das ist durch den Terror französischer Revolutionäre gegen Frauenrechtlerinnen ebenso belegt wie durch die bis heute lebendige misogyne Fantasie von der »Nur-Hausfrau«, die sich aus Praxisfeldern, die zu Männerdomänen erklärt werden, herauszuhalten hat.

Nancy Fraser hat auf zwei Punkte hingewiesen, über die feministische Projekte zur Subjektkonstitution, die sich an Foucault orientieren wollen, stolpern müssten: Sie kritisiert zum einen die Art und Weise, wie er gesellschaftliche Machtverhältnisse neutralisiert. Zum anderen problematisiert sie seine Ausklammerung der Legitimationsfrage. Zum ersten Aspekt: Foucault geht nach Meinung von Fraser nicht darauf ein, ob die verschiedenen von ihm untersuchten Regimes Wissen bereitstellen, das in irgendeinem Sinn wahr oder verbürgt, angemessen oder unverzerrt ist. Er suspendiert die gesellschaftstheoretische Erörterung des Zusammenhangs von Genesis und Geltung in Hinblick auf Macht-Wissen-Regimes.[184] Nehmen wir diesen Einwand von Fraser unter einer feministischen Perspektive ernst, so hat Foucault keine Bedenken gegen androzentrische Rhetoriken.

Zum zweiten Aspekt: Fraser konstatiert, dass bei Foucault Kriterien zur Unterscheidung der annehmbaren von den unannehmbaren Formen der Macht fehlen. Da es seiner Meinung nach in modernen Gesellschaften kein machtfreies Regime, keine machtfreie Kultur, kein machtfreies Wissen, keine machtfreien Praxen und keine machtfreien Lebensäußerungen geben kann, ist Macht neutral.[185] Damit entzieht sich Foucault der Frage, welche Konsequenzen Machtasymmetrien für die Konstitution von Subjektpositionen haben. Auch das schränkt die Möglichkeit, seinen Hypothesen zu folgen, ein, wenn es um den Nexus von hierarchischen Geschlechterverhältnissen, Geschlechterdifferenzen im Sinne sozialer Ungleichheitslagen und Chancen der subjektiven Entfaltung geht. Dazu ein Exempel: Das Thema Körperpolitik ist für Foucault zentral, ohne dass er Machtgefälle zwischen den Geschlechtern *wissenschaftlich* reflektiert.[186] Die Produktion von genetischen oder reproduktionsmedizinischen Strategien und ihre Anwendung in der Praxis entsubjektivieren jedoch den weiblichen Körper in radikalerer Weise als den männlichen. Die foucaultsche Theorie müsste gerade da, wo sie für die Frauen- und Geschlechterforschung unter dem Aspekt von Naturwissenschafts- und Technikentwicklung bedeutsam ist, feministisch revidiert werden.

Bleibt zum Schluss, die Subjekttheorien zur Diskussion zu stellen, die in der feministischen Auseinandersetzung mit der Psychoanalyse entstanden sind.

Psychoanalyse und Feminismus

Ehe Feministinnen psychoanalytisch orientierte Theorien entwerfen konnten, die der psychosexuellen und psychosozialen Entwicklung des Mädchens bzw. der Frau Rechnung tragen, mussten erst die Verdrängungen und androzentrischen Verzerrungen in der klassischen Psychoanalyse freudscher Prägung aufgedeckt werden.[187]

1974 schrieb Luce Irigaray: »Jede bisherige Theorie des Subjekts hat dem ›Männlichen‹ entsprochen.«[188] In den psychoanalytischen Diskursen, die ebenfalls seiner Repräsentation dienen, gibt es keinen Ort, keine Sprache, die eine Artikulation des Weiblichen erlauben würden. Wo es als Spiegel für das Männliche herhalten muss, das in sich selbst befangen ist, kann das Weibliche nur als sein Negativ oder sein Objekt erscheinen, nicht aber als etwas anderes.

Wie lassen sich die Parameter aufsprengen, die die Individuation ausschließlich am männlichen Subjekt aufzeigen? Wie lässt sich die phallokratische Ordnung so untergraben, dass Frauen als Angehörige des weiblichen Geschlechts zur Geltung kommen können? Mit diesen Fragen benennt Irigaray die methodologischen Schwierigkeiten, die bewältigt werden müssen, ehe die Leerstelle »weibliche Subjektivität« durch Rekonstruktion des Ausgeblendeten Schritt für Schritt aufgefüllt werden kann. Um die diskriminierenden Bestimmungen in der Psychoanalyse (das Bild der kastrierten Frau, die Entsexualisierung ihres Begehrens, ihre soziale Infantilisierung) ins Wanken zu bringen, beschreitet Irigaray einen mühevollen Weg: Sie wiederholt diese Ideologeme, nimmt sie beim Wort, spürt dabei Widersprüche und Reduktionen auf. Erst in der Spiegelung der Spiegelungen entstehen Brechungen, in denen Differenzen Kontur gewinnen können. Die im männlichen Individuationsmodell zugunsten des Vaters zurückgedrängte Mutter kommt zum Vorschein, den weiblichen Genitalien wird im Kontext einer symmetrischen Morphologie des Frauenkörpers (zwei Brüste, zwei Lippen, zwei Schamlippen – nicht *ein* Penis als Zentrum sexueller Lust) ihre Gestalt wiedergegeben, die Mutter-Tochter-Beziehung tritt an die Seite der männlichen Genealogie.

Renate Schlesier, deren Buch *Konstruktionen des Weiblichen bei Sigmund Freud* 1981 erschien, geht ganz ähnlich vor: Sie revidiert die freudschen Thesen von der »verstümmelten Weiblichkeit« mit den Mitteln der immanenten Kritik.[189] Seine Einsicht, dass in der psychoanalytischen Hypothesenbildung Entmythologisierungen immer mit Remythologisierungen verbunden sind, wendet sie gegen ihn.[190] Während Freud in seinen frühen Arbeiten hysterische Symptome bei Frauen noch kulturkritisch als Widerstand gegen sexuelle Passivierung deutet, verlassen ihn alle aufklärerischen Impulse in seinen späteren Schriften, in denen die »kastrierte Frau« beschworen wird. Was er zunächst als imaginäre Produktion infantiler Sexualtheorien darstellt, in denen das männliche Kind im Bild der penislosen Mutter oder Spielgefährtinnen das Trauma abwehrt, selbst den Phallus verlieren zu können, gerät ihm unreflektiert zum Phantasma der verstümmelten Weiblichkeit. Freud wertet die Penislosigkeit der Frau als Defekt, ja – über die Konstruktion des Penisneides – als Indiz für einen »negativen Charakter«, statt die Fantasien, die sich der Gestalt des weiblichen Genitals als Stoff bedienen, als Verkehrung verdrängter Kastrationsängste des Kindes während ödipaler Konflikte zu entschlüsseln. Er geht in seiner Mythenbildung noch einen Schritt weiter: Die Frau empfindet seiner Meinung nach die Penislosigkeit selbst als Unvollkommenheit; sie verarbeitet diesen Mangel, indem sie ihre Sexualität der männlichen unterwirft, um sich so den Penis einzuverleiben. Schlesier interpretiert die freudsche Konstruktion von der kastrierten Frau als ein Deckbild: In der von ihm gesetzten Ungleichwertigkeit der Genitalien von Frau und Mann tritt unbewusst das hierarchische Geschlechterverhältnis zutage; das Unversöhnliche in sozialen Geschlechterspannungen wird von Freud zugleich wahrgenommen und durch Anatomisierung abgewehrt.[191]

Die Dekonstruktionen, die Irigaray und Schlesier in der kritischen Reanalyse der freudschen Theorien vorgenommen haben, um seine Weiblichkeitskonzepte gegen den Strich lesen zu können, finden sich in der feministischen Diskussion zur geschlechtsspezifischen Subjektkonstitution als paradigmatische Verschiebungen wieder. Die Vorrangstellung des Vaters und der ödipalen Konfliktkonstellation für Individuationsprozesse wird relativiert durch die Beachtung der Mutter-Tochter- bzw. Mutter-Sohn-Beziehung in den präödipalen Phasen, die der Triangulierung[192] vorausgehen. Die weibliche Entwicklung hört nicht mehr mit der Latenzperiode auf; die Dynamik der Adoleszenz findet Einzug in die psychoanalytische Weiblichkeitsforschung.

Aus der Fülle von Beiträgen zur geschlechtsspezifischen Sozialisation seien exemplarisch zwei ausgewählt[193]: Nancy Chodorows Buch *Das Erbe der Mütter* und Jessica Benjamins Schrift *Die Fesseln der Liebe*.[194] Da es in den Aussagen der beiden Autorinnen eine Reihe von Überschneidungen gibt, die sich auf die gemeinsame Orientierung an der Objektbeziehungstheorie[195] zurückführen lassen, wird *Das Erbe der Mütter* ausführlicher vorgestellt. Obwohl an beiden Positionen heftige Kritik geübt worden ist[196], wird auf sie immer noch häufig rekurriert, weil sie die Sozialisationsverläufe *beider* Geschlechter in den Blick nehmen.

Chodorows Interesse an weiblicher Identitätssuche entspringt einer zugleich soziologischen wie psychologischen Fragestellung: Wie ist es zu erklären, dass in den Familien unserer westlichen Zivilisation trotz sich ausweitender Frauenerwerbstätigkeit die soziale Aufgabe der Kleinkinderziehung weiterhin an Mütter delegiert und von ihnen übernommen wird? Der Kern dieses Phänomens liegt für Chodorow in der Struktur moderner Kleinfamilien, die sich durch eine Asymmetrie der Elternschaft charakterisieren lassen. Der Vater ist nicht nur weniger zuständig für Aufgaben der Kleinkinderziehung, er ist im infantilen Affekthaushalt auch weniger präsent. Die intimen körperlichen und emotionalen Kontakte verlaufen im Regelfall über die Mutter. In den frühen Beziehungen zu ihr bilden sich wesentliche Differenzen in der psychosozialen Entwicklung von Mädchen und Jungen heraus. Chodorow macht diese Abweichungen dafür verantwortlich, dass sich »Mütterlichkeit« – sprich: Familienorientierung, Kinderwunsch und Fürsorglichkeit als Grundlagen geschlechtlicher Arbeitsteilung – in jeder Frauengeneration aufs Neue in weiblicher Linie tradiert.

Lange bevor das Mädchen in die Triangulierung eintritt und mit der Hinwendung zum Vater eine heterosexuelle Objektwahl vornimmt, haben sich in ihrer Psyche Zeichen einer weiblichen Individuation eingeschrieben. Die Erfahrung, dass es die Mutter ist, die versorgt, liebkost, lobt und tadelt, hinterlässt in ihm unbewusste Spuren, noch ehe es sexuelle und soziale Unterschiede zwischen den Geschlechtern realisiert hat. Unbewusste Erwartungshaltungen, die sich zunächst auf die Mutter beziehen, werden später generalisiert und auf Personen des weiblichen Geschlechts insgesamt übertragen. Die Mutter hat immer da zu sein, sie wird nicht als Subjekt mit eigenen Interessen wahrgenommen. Dennoch hat sie Macht, zu gewähren und zu versagen. Mit diesen unbewussten Fantasien, die um die Mutter als zärtliche, helfende, strafende und sich entziehende Bezugsperson kreisen, sind nicht nur Gefühle der Zuneigung, sondern auch solche der Hilflosigkeit und des Zorns verbunden. Mit den Vorstellungen davon, wie die Mutter das Kind hält, liebt, bestätigt oder abwehrt, entstehen zudem Selbstrepräsentanzen, Bilder von sich selbst als einem Kind, das liebenswert oder abzulehnen ist. Diese Beziehungskonfigurationen sind zunächst für Jungen und Mädchen die gleichen. In der Phase jedoch, in der sie sich von der Vorstellung symbiotischer Verschmolzenheit mit der Mutter trennen, kommt es zu unterschiedlichen Ablösungsstrategien. Während Jungen die Assoziationen an die Mutter, die ihre Fürsorglichkeit betreffen, als Teil des eigenen Selbstbildes verwerfen und sich so von ihr absetzen, akzeptieren Mädchen diese in zweierlei Hinsicht: als Selbstdefinition und als Charakteristika von Weiblichkeit schlechthin. Wie kommt es nach Chodorow zu dieser unterschiedlichen Konfliktbewältigung?

In der Phase der Individuation, in der das Kind die Mutter als eigenständiges Wesen erkennt und sich als getrennt von ihr erlebt, entzündet sich ein Konflikt zwischen dem Wunsch, mit ihr verbunden zu bleiben, und dem Drang, sich gegen sie als selbstständige Person zu behaupten. Während nun der Sohn den Weg der Autonomie wählt, bleibt die Tochter länger und intensiver im Bann der Mutter. Die Gleichgeschlechtlichkeit macht es dem Mädchen schwerer, ihr gegenüber Authentizität zu gewinnen. Mütter verstärken diese Schwierigkeit, wenn sie sich in ihren Töchtern narzisstisch spiegeln. Unter solchen Prämissen des Sich-wechselseitig-Festhaltens dauern die präödipalen Phasen beim Mädchen länger als beim Jungen. Das heißt nicht, dass sie nicht ambivalent sind: Die Geborgenheit in der Ähnlichkeitsbeziehung verleiht dem Mädchen ein Moment der Exklusivität; der Mangel an Chancen zur Differenzierung bringt jedoch immer wieder Fragen der Ich- und Körper-Ich-Grenzen und damit Verunsicherungen des Selbstwertgefühls ins Spiel. Dennoch identifiziert sich die Tochter aufgrund des starken Gefühls der Gleichheit sowohl mit der Mutter als Vorbild als auch mit Mütterlichkeit als Prinzip des Weiblichen. Das macht Mädchen – so Chodorow – für Beziehungsaspekte offener als Jungen.

Der Junge grenzt sich dagegen in seinem Streben nach Autonomie von der Mutter ab. Wesentlicher Motor dieser Separierung ist die körperliche Geschlechterdifferenz. Der Junge, der einen Penis besitzt, hat der Mutter etwas entgegenzuhalten, in dem er anders ist. Auf diese Andersheit reagiert die Mutter doppeldeutig. Einerseits gewährt sie dem Sohn den Status eines Ehemann-Substitutes, er ist sozusagen ihr »kleiner Mann«. Andererseits drängt sie ihn unter dem Druck des Inzesttabus aus der diadischen Beziehung in die triadische.

Vonseiten des Jungen gibt es ein starkes Motiv, auf die Mutter als Liebesobjekt zu verzichten und den Vater nicht nur als Rivalen zu empfinden. Der Sohn akzeptiert ihn auf seiner Suche nach Männlichkeit als Identifikationsobjekt. Ihm fehlte in den präödipalen Phasen, in denen die Mutter prävalent war, ein gleichgeschlechtliches Vorbild. So konnte der Junge in seinen unbewussten Fantasien, die sich mit der Geschlechterdifferenz beschäftigten, Maskulinität nur negativ bestimmen: Das Männliche ist das Nichtweibliche. Die Hinwendung zum Vater bedeutet deshalb nicht nur Abwendung von der Mutter, sondern ebenso Abwertung des Weiblichen, das im Umkehrschluss als das Nichtmännliche erscheint. So begründet Chodorow, warum der Junge für den Rest seines Lebens die Übernahme aller Züge von Weiblichkeit = Mütterlichkeit abwehren wird.[197]

Obwohl Jessica Benjamin in wichtigen Punkten den Argumenten Chodorows folgt, setzt sie doch andere Akzente. Für die Entwicklung des weiblichen Subjekts macht sie seine mangelnde soziale Anerkennung verantwortlich. Patriarchale Geschlechterbeziehungen haben die Struktur von Herrschaft-Knechtschafts-Verhältnissen. Wie Chodorow führt Benjamin die Subordination der Frauen unter eine phallokratische Ordnung darauf zurück, dass sie auf die Mutterrolle reduziert werden. Der Kreislauf, in dem Weiblichkeit depotenziert und entsexualisiert wird, wiederholt sich von Frauengeneration zu Frauengeneration. Die Mutter, die ihre eigenen Bedürfnisse zurückstellen muss, um für Kinder und Angehörige verfügbar zu sein, eignet sich schlecht als Spiegel für die Tochter, die danach verlangt, ihrer selbst mächtig zu werden. So sucht die Tochter die Bestätigung, an der sie ihr Selbstbewusstsein aufrichten könnte, beim Vater. Der Vater aber, darauf bedacht, sich von allem Weiblichen abzugrenzen, versagt ihr die Anerkennung, die sie begehrt: Sie ist ihm nicht ähnlich, also ihm nicht ebenbürtig. Intensive Zuwendung und Interesse zieht der Sohn auf sich. So findet die Tochter keinen Kristallisationspunkt der Selbstbehauptung und Selbstbestimmung. Das tangiert ihre psychosexuelle wie psychosoziale Entwicklung. Vom Vater abgewiesen, wird sie auf die Mutter als Bezugsperson zurückgedrängt, eine Kränkung, auf die sie in einer depressiven Verarbeitung mit Neid und Unterwürfigkeit reagiert. Diese Züge werden später ihr Verhältnis zu den Trägern von Macht bestimmen, deren Symbol der Phallus ist. In der phallokratischen Ordnung um das eigene Seins- und Sexualbegehren gebracht, unterwirft sie sich als Erwachsene den Triebwünschen des Mannes. Masochismus erscheint bei Benjamin als das pathologische Kennzeichen von Weiblichkeit: Lust kann die Frau nur erlangen, wenn sie die Beachtung und Bewunderung des Mannes gewinnt. Sadismus wird im Gegenzug zum Attribut von Männlichkeit. Benjamin arbeitet in ihrer Analyse sadomasochistischer Beziehungen ein Muster im Kampf um Anerkennung heraus, in dem Abhängigkeit und Differenz in Beziehungen aus dem Bewusstsein der Interagierenden gelöscht werden. Die in ihren Augen unverträglichen Ich-Strebungen – Selbstbehauptung und Wunsch nach Anerkennung – werden aufgespalten und durch gegenseitige Ausschließung neutralisiert: »Der Zusammenbruch der Spannung zwischen diesen komplementären Aspekten des Selbst bewirkt die Verwandlung eines Differenzierungsprozesses in Herrschaft. Selbständigkeit und Verantwortung werden zu Herrschaft und Kontrolle; die Suche nach Anerkennung wird zum Wunsch nach Unterwerfung entfremdet.«[198] Wie wird der Mann aus Benjamins Sicht zu demjenigen, der unterwirft? Zentrales Motiv für die männliche Abgrenzung von der Mutter, die in Ablehnung übergeht, ist ihrer Meinung nach Rache an der Mutter. Tief eingegraben ins männliche Unbewusste hat sich die frühe Erfahrung, von ihr abhängig und ohne sie hilflos zu sein. Keine Wiederkehr des Verdrängten soll daran erinnern, dass man mit der symbiotischen Beziehung zur Mutter auch die Allmacht dieser Zweieinheit verloren hat. Das ist der Preis für Selbstständigkeit, den das maskuline Subjekt nicht wahrhaben will. Abgespalten von allen empathisch-fürsorglichen Potenzialen, die in der Revolte gegen die Mutter negiert und negativiert werden, erstarrt Männlichkeit in instrumentellen Denk- und Verhaltensweisen, die gleichzeitig gesellschaftliche Praxen charakterisieren.

Diese radikale Position kann Benjamin nur einnehmen, weil sie die Ambivalenzen – Liebe und Hass auf die Mutter, Bewunderung und Furcht vor dem Vater – in frühkindlichen Beziehungen unterschlägt. Sie halten nämlich Trieb- und Zielkonflikte für Modifikationen offen, weil sie sich der Logik eines Entweder-oder widersetzen. Gut und Böse gehen sowohl in die libidinösen Besetzungen wie in die mimetischen Identifikationen ein. Benjamin lässt die Modalitäten von Beziehungen nicht wirklich entstehen; das Streben nach Bindung einerseits und nach Selbstbehauptung andererseits sind für sie angeborene Dispositionen.[199] Die Unversöhnlichkeit der kontrastierenden Impulse im Subjekt ist also immer schon in der Menschennatur angelegt. Die Verschiebung von intrapsychischen Dynamiken auf intersubjektive Beziehungen, in denen Ich-Spaltungen und Prozesse gesellschaftlicher Rationalisierung von Benjamin unvermittelt ineinander geschoben werden, die Vernachlässigung triebtheoretischer Konzepte zugunsten eher anthropologischer Setzungen und die Abkoppelung der hegelschen Herrschaft-Knechtschafts-Problematik, in der es um die Dialektik von Aneignung und Anerkennung geht, von ihren ideengeschichtlichen und realhistorischen Kontexten führen zu Annahmen über pathologische psychische Strukturierungen, die einen das Gruseln lehren.[200]

In der aktuellen feministischen Adoleszenzforschung tritt die Triebtheorie, von freudschen Einseitigkeiten bereinigt, wieder in ihre Rechte ein. Körperlich-seelische Veränderungen, wie sie mit der Menstruation einhergehen, und die jetzt einsetzende Möglichkeit der Schwangerschaft markieren Stufen des weiblichen Erwachsenwerdens. Das Menstruieren ist mit sexuellen Sensationen verbunden, die Genitalien und das Körperinnere werden neu erlebt, die Frage, was Weiblichkeit ist, stellt sich in anderer Weise als in früheren Entwicklungsphasen. Aber auch Verdrängtes kommt zu Bewusstsein. Mit den Blutungen tauchen alte Beunruhigungen über Reinheit und Reinlichkeit wieder auf, Bilder von der Mutter, die in der Sauberkeitserziehung kontrollierte und erotisierend berührte. Solche Bilder reaktivieren homosexuelle Regungen, die in der Mutter-Tochter-Beziehung angelegt sind. All das sind Herausforderungen für das junge Mädchen, sich in seiner Sexualität neu zu entdecken und neu zu definieren. Gleichzeitig ist die Adoleszenz ein biografischer Abschnitt, in dem die Mutter hinter Mädchenfreundschaften zurücktritt, in dem sich soziale und intellektuelle Interessen jenseits sexueller Beziehungen entfalten und Pläne für die Zukunft geschmiedet werden.[201]

Die feministische Auseinandersetzung mit Fragen der Subjektkonstitution hat, so lässt sich zusammenfassen, dazu beigetragen, das androzentrische Bias in überkommenen Theorien des Subjekts zu kritisieren. Darüber hinaus hat sie viele wichtige Arbeiten zur psychosexuellen Entwicklung des Mädchens inspiriert. Auffallend ist jedoch, dass eine spezifische Dynamik in weiblichen Individuationsprozessen weitgehend unbeachtet blieb: die psychische Genese von Wissbegierde, von Selbstansprüchen und sozialen Geltungsbedürfnissen. Eine sozialisationstheoretische Beschäftigung mit der Frage, wie Frauen ihre sozialen Kompetenzen nicht nur für Familienbelange, sondern für ein breiteres Spektrum gesellschaftlicher Aufgaben erwerben, hat bislang kaum stattgefunden. Hier eröffnet sich nicht nur für psychoanalytisch orientierte, sondern generell für eine sozialpsychologische Frauenforschung ein weites Untersuchungsfeld.

Schlussbemerkung

Feministische Theoriebildung ist in Bewegung geblieben. Das Themenspektrum hat sich erweitert und fachspezifisch ausdifferenziert – es gibt heute wohl keine kultur- und sozialwissenschaftliche Fakultät, in der nicht Gender Studies verankert sind oder doch zumindest eine Nische haben. Auch die theoretischen Zugangsweisen haben sich weiterentwickelt und diversifiziert. Im sozialwissenschaftlichen Spektrum feministischer Theorie gilt dies sowohl für die unterschiedlichen Varianten des Sozialkonstruktivismus wie für gesellschaftstheoretische Positionen, die sich an der Frankfurter Schule, an Foucault, Giddens, Bourdieu, Elias, Luhmann oder anderen Theorietraditionen abgearbeitet haben. In zwei Hinsichten zeichnen sich neue Wege und Öffnungen ab. Zum einen haben aktuelle Entwicklungen wie z.B. die europäische Integration, die Auswirkungen ökonomischer, kultureller und politischer Globalisierung veränderte Ungleichheitslagen, verschärfte Rationalisierung durch Modernisierungsprozesse, die Zunahme von transnationaler Mobilität und unterschiedlichen Formen der Migration auch zu einer stärkeren internationalen Ausrichtung feministischer Theorien beigetragen. Insbesondere auf europäischer Ebene sind zahlreiche Forschungsnetzwerke entstanden. Zum anderen lässt sich beobachten, dass die Untersuchung von neuen Konfliktfeldern, die komplex und vielschichtig sind, auch Transdisziplinarität und Theoriebildungen von größerer Reichweite stimuliert hat.

Der Horizont der Geschlechterforschung ist weiter geworden. Gleichzeitig ist nicht zu übersehen, dass feministische Theoriebildung wie andere Wissenschaftsentwicklungen den Zwängen des akademischen Marktes und den veränderten Bedingungen an den Hochschulen unterliegt. Das hat Tendenzen der gegenseitigen Abgrenzung begünstigt, Rezeptionssperren gefördert und insgesamt zu einer stärkeren Re-Disziplinarisierung auch innerhalb der Frauen- und Geschlechterforschung geführt. Geht man jedoch von den gesellschaftlichen Krisen und Problemlagen aus, die feministisches Denken und feministische Kritik heute herausfordern, dann ist daran festzuhalten, dass fächer-, ansatz- oder paradigmenübergreifende Auseinandersetzung und Kooperation notwendiger denn je geworden sind. Das heißt nicht, dass dabei Spezialisierungen übersprungen werden können: Sprache, Diskursformationen, soziales Handeln und sich regional und global verändernde soziale Verhältnisse lassen sich nicht bruchlos innerhalb eines Forschungsparadigmas gleichzeitig verfolgen, weder in dem einen noch in dem anderen Theorietypus und disziplinären Ansatz.

Schaut man aus der Vogelperspektive auf das weit gespannte Netzwerk feministischer Wissenschaft, dann sieht man eine transnationale Diskurskonstellation, die geprägt ist durch ein hohes Maß an geteilten Fragen und Problemstellungen und durch ein ebenso hohes Maß an Unterschiedlichkeit in den Bezugshintergründen und Antworten. Es ist aber gerade diese Gleichzeitigkeit von wechselseitigen Bezügen und Differenz, die immer wieder Abarbeitungs- und Lernprozesse in Gang gesetzt hat. Diese Kultur der Reflexivität fördert Gegenbewegungen gegen Abschottung und theoretische Selbstbegrenzung und ist ein Zeichen der Vitalität feministischer Theoriebildung.

Anhang

Anmerkungen

1 Vgl. z.B. Gisela Bock, Frauenbewegung und Frauenuniversität. Zur politischen Bedeutung der »Sommeruniversität für Frauen«, in: Frauen und Wissenschaft. Beiträge zur Berliner Sommeruniversität für Frauen, Juli 1976, Berlin 1977, S. 20.

2 In der gegenwärtigen Auseinandersetzung mit dem »Care«-Konzept werden einige Anliegen dieser frühen Diskussion in veränderter Form wieder aufgegriffen. Für einen kurzen Überblick vgl. den Bericht von Silvia Kontos und Katharina Pühl über das Kasseler Symposium »Fürsorglichkeit und Autonomie. Soziale Praxis von Frauen und der Kitt demokratischer Gesellschaften«, das 1998 von Christel Eckart und Birgit Jansen organisiert wurde. In: Feministische Studien, 17. Jg., Nr. 1, 1999, S. 117-123.

3 Vgl. z.B. Ute Gerhard, Gleichheit ohne Angleichung. Frauen im Recht, München 1990; Ute Gerhard/Andrea Maihofer u.a., Differenz und Gleichheit, Frankfurt/M. 1990.

4 Vgl. Silke Beinssen-Hesse/Kate Rigby, Out of the Shadows. Contemporary German Feminism, Melbourne University Press 1996.

5 So gab es in den USA als Einwanderungsgesellschaft keinen Feudalismus im europäischen Sinne und die damit verbundenen konfliktreichen Dynamiken zwischen Adel und Bürgertum, welche die Gesellschaftstheoretiker in Europa beschäftigten, stattdessen aber ein sozialstrukturell und kulturell folgenreiches System der Sklaverei und Integrationsprobleme einer multiethnischen Bevölkerung. Für die amerikanische Tradition eines politisch aufgeklärten Pragmatismus und Liberalismus gibt es auf dem Kontinent ebenfalls kein Pendant. Zu den Folgen solcher Unterschiede für das Verhältnis von Feminismus und Postmoderne vgl.: Klaus J. Milich, Feminismus und Postmoderne. Zur Notwendigkeit einer kulturhistorischen Verortung, in: Antje Hornscheidt/Gabriele Jähnert/Annette Schlichter (Hg.), Kritische Differenzen – Geteilte Perspektiven, Opladen/Wiesbaden 1998, S. 42-74.

6 Vgl. Teresa de Lauretis, Technologies of Gender, New York/London 1994; Rosi Braidotti, Gender und Post-Gender. Die Zukunft einer Illusion?, in: Zur Krise der Kategorien. Frau. Lesbe. Geschlecht, in: Frankfurter Frauenschule (Hg.), Facetten feministischer Theoriebildung 14, Materialienband, Frankfurt/M. 1994, S. 8.

7 Judith Butler, Unter Feministinnen: »The Trouble with Gender«. Interview mit Rosi Braidotti, in: Zur Krise der Kategorien. Frau. Lesbe. Geschlecht, in: Frankfurter Frauenschule (Hg.), Facetten feministischer Theoriebildung 14, a.a.O., S. 145-177.

8 Friederike Hassauer, Gleichberechtigung und Guillotine: Olympe de Gouges und die feministische Menschenrechtserklärung der Französischen Revolution, in: Ursula A.J. Becher/Jörn Rüsen (Hg.), Weiblichkeit in geschichtlicher Perspektive. Fallstudien und Reflexionen zu Grundproblemen der historischen Frauenforschung, Frankfurt/M. 1988, S. 259-291.

9 Ebenda, S. 264.

10 Ebenda, S. 265.

11 Ebenda.

12 Ebenda, S. 280.

13 Ebenda, S. 274 f.

14 Ebenda, S. 265.

15 Karin Hausen, Familiärer Reproduktionsbereich als zugleich notwendiger und systemwidriger Bestandteil kapitalistischer Gesellschaft. Ein gesellschaftlicher Widerspruch als privates Dilemma der Frauen, in: Berufliche Bildung von Frauen. Arbeitsmaterialien zu den Hochschultagen »Berufliche Bildung 1980«, Bremen 1980, S. 346-353.

16 Ebenda, S. 350.

17 Ebenda, S. 346.

18 Ebenda, S. 351.

19 Ebenda, S. 350 f.

20 Ebenda, S. 349.

21 Ebenda, S. 347.

22 Vgl. hierzu: dies., Die Polarisierung der »Geschlechtscharaktere«. Eine Spiegelung der Dissoziation von Erwerbs- und Familienleben, in: Werner Conze (Hg.), Sozialgeschichte der Familie in der Neuzeit Europas, Stuttgart 1976, S. 363-393.

23 Ebenda, S. 346.

24 Vgl. hierzu: Barbara Duden, Der Frauenleib als öffentlicher Ort. Vom Mißbrauch des Begriffs Leben, Hamburg 1991.

25 Erinnert sei an die Androgynitätstests von S. Bem, L. Terman und C. C. Miles.

26 Helga Bilden, Geschlechtsspezifische Sozialisation, in: Klaus Hurrelmann/Dieter Ulich (Hg.), Neues Handbuch der Sozialisationsforschung, Weinheim/Basel 1991, S. 279-301.

27 Carol Hagemann-White, Sozialisation: Weiblich – männlich?, Opladen 1984.

28 Scheu hat in diesem Titel modifizierend den Satz aufgegriffen, mit dem Simone de Beauvoir das zweite Buch von *Le Deuxième Sexe* von 1949 eröffnet: »On ne nait pas femme, on le devient.« Dieser Satz entfaltete seine wirkliche Sprengkraft erst in der neuen Frauenbewegung.

29 Vgl. hierzu: Beth B. Hess/Myra Marx Ferree (Hg.), Analysing Gender. A Handbook of Social Research, Teil I, Beverly Hills/London/Neu Delhi 1987.

30 Vgl. hierzu: Alison M. Jaggar, Feminist Politics and Human Nature, Sussex 1983, S. 86 f.

31 Rosabeth Kanter/Marcia Millman (Hg.), Another Voice. Feminist Perspectives on Social Life and Social Science, New York 1975.

32 Vgl. hierzu: Christina Thürmer-Rohr (Hg.), Mittäterschaft und Entdeckungslust. Studienschwerpunkt »Frauenforschung« am Institut für Sozialpädagogik der Technischen Universität Berlin, Berlin 1989.

33 Ursula Beer, Theorien geschlechtlicher Arbeitsteilung, Frankfurt/M./New York 1984.

34 Dies., Geschlecht, Struktur, Geschichte. Soziale Konstituierung des Geschlechterverhältnisses, Frankfurt/M./New York 1990, S. 9.

35 Vgl. hierzu: Alison M. Jaggar, Feminist Politics and Human Nature, a. a. O., S. 85.

36 Karin Hausen/Heide Wunder (Hg.), Frauengeschichte – Geschlechtergeschichte, Frankfurt/M./New York 1992, S. 9.

37 Dieses Kapitel ist eine Weiterführung des folgenden Aufsatzes: Regina Becker-Schmidt, Relationalität zwischen den Geschlechtern. Konnexionen im Geschlechterverhältnis, in: Zeitschrift für Frauenforschung, 16. Jg., Heft 3, 1998, S. 5-21.

38 Es herrscht Uneinigkeit darüber, ob es in sozial ausdifferenzierten Gesellschaften, wo verschiedene Lebensformen nebeneinander bestehen,

oder unter Bedingungen der Multikulturalität mit unterschiedlichen ethnischen Milieus überhaupt möglich ist, von *einem* Geschlechterverhältnis zu reden. Anders gesagt: Müssen wir nicht vielmehr eine Pluralität von Geschlechterverhältnissen annehmen? Dazu lässt sich sagen: Wenn wir die wechselseitige soziale Bezogenheit der Genus-Gruppen ausdrücken wollen, wenn das Phänomen der Relationalität zur Sprache gebracht werden soll, dann macht epistemologisch nur der Begriff »Geschlechterverhältnis« einen Sinn. Stoßen wir empirisch auf allen sozialen Ebenen einer Gesellschaft auf Zustände der Disparität, stellen sich in einem klar bestimmten Kontext alle Geschlechterordnungen als auf ähnlichen Verhältnisbestimmungen beruhend heraus, so ist ebenfalls die Einzahl geboten. Wir haben es dann mit *einem* gesellschaftlichen Geflecht zu tun, in das die Genus-Gruppen als ungleiche verstrickt sind. Es ist möglich, dass wir in einer Gesellschaft, in der verschiedene Kulturen zusammenleben, differente Geschlechterordnungen vorfinden. Dann ist jedoch immer noch zu klären, ob eine von ihnen dominant ist. Mehrheitsgesellschaften beeinflussen nämlich durch Hegemonieansprüche und Anpassungsdruck die geschlechtlichen Machtverhältnisse in Minderheiten.
Der Plural ist angesagt, wenn wir die Grenzen eines raum-zeitlich situierten Sozialgefüges verlassen und internationale Variabilität ins Auge fassen. Hier müssen wir angesichts ethnographischer Vielfalt von Geschlechterverhältnissen sprechen.

39 Florence Weiß hat eine solche Konstellation z.B. in der Iatmul-Gesellschaft in Papua-Neuguinea vorgefunden und die sozialen Bedingungen einer geschlechtlichen Machtbalance exemplarisch an dieser Ethnie untersucht. Vgl. hierzu: dies., Die dreisten Frauen. Ethnopsychoanalytische Gespräche in Papua-Neuguinea, Frankfurt/M. 1991.

40 Ursula Beer, Geschlecht, Struktur, Geschichte, a.a.O., S. 165.

41 Erst in der Eherechtsreform von 1977 wird die direkte, juridisch legitimierte Herrschaft von Ehemännern über Ehefrauen aufgehoben.

42 Vgl. hierzu: Regina Becker-Schmidt, Geschlechterverhältnis als Herrschaftsgefüge. Frauenpolitische Strategien, in: Christine Kulke/Heidi Kopp-Degethoff/Ulrike Ramming (Hg.), Wider das schlichte Vergessen. Der Deutsch-Deutsche Einigungsprozeß. Frauen im Dialog, Berlin 1992, S. 234f.; sowie: Anja Wolde, Geschlechterverhältnisse

und gesellschaftliche Transformationsprozesse, in: Regina Becker-Schmidt/Gudrun-Axeli Knapp (Hg.), Das Geschlechterverhältnis als Gegenstand der Sozialwissenschaften, Frankfurt/M./New York 1995, S. 279-308.

43 Anja Wolde, Geschlechterverhältnisse und gesellschaftliche Transformationsverhältnisse, a.a.O., S. 294.

44 Ute Gerhard u.a., Herrschaft und Widerstand: Entwurf zu einer historischen und theoretischen Kritik des Patriarchats in der bürgerlichen Gesellschaft, in: Friedrich Heckmann/Peter Winter (Hg.), 21. Deutscher Soziologentag, Bamberg 1982. Beiträge der Diskussions- und Ad-hoc-Gruppen, Opladen 1983, S. 60-74; dies., Gleichheit ohne Angleichung. Frauen im Recht, München 1990.

45 Es muss allerdings beachtet werden, dass die Verrechtlichung des Geschlechterverhältnisses, in der patriarchale Traditionen eine so große Rolle spielen, eine deutsche Sonderentwicklung ist, die sich – schon im europäischen Rahmen – nicht so ohne weiteres verallgemeinern lässt.

46 Unter einer gesellschaftlichen Formbestimmung verstehen wir die Gestaltung eines sozialen Strukturzusammenhangs, der sich unter historisch bestimmten Produktions- und Reproduktionsbedingungen herauskristallisiert hat.

47 Karin Gottschall, Geschlechterverhältnis und Arbeitsmarktsegregation, in: Regina Becker-Schmidt/Gudrun-Axeli Knapp (Hg.), Das Geschlechterverhältnis als Gegenstand der Sozialwissenschaften, a.a.O., S. 134.

48 Vgl. hierzu: Brigitte Aulenbacher/Tilla Siegel (Hg.), Diese Welt wird völlig anders sein. Denkmuster der Rationalisierung, Pfaffenweiler 1995.

49 Ursula Müller, Sexualität, Organisation, Kontrolle, in: Brigitte Aulenbacher/Monika Goldmann (Hg.), Transformationen im Geschlechterverhältnis, Frankfurt/M./New York 1993, S. 97-114.

50 Regina Becker-Schmidt, Widersprüchliche Realität und Ambivalenz. Arbeitserfahrungen von Frauen in Fabrik und Familie, in: Kölner Zeitschrift für Soziologie und Sozialpsychologie, Heft 4, 32. Jg., 1980, S. 705-725.

51 Claudia Born/Helga Krüger/Dagmar Lorenz-Meyer (Hg.), Der unentdeckte Wandel: Annäherung an das Verhältnis von Struktur und Norm im weiblichen Lebenslauf, Berlin 1996.

52 Helga Krüger, Dominanzen im Geschlechterverhältnis: Zur Institutionalisierung von Lebensläufen, in: Regina Becker-Schmidt / Gudrun-Axeli Knapp (Hg.), Das Geschlechterverhältnis als Gegenstand der Sozialwissenschaften, a.a.O., S. 195-219.

53 Darunter sind Prozesse zu verstehen, in denen soziale Konstruktionen der Geschlechterdifferenz zum Bezugspunkt von Handlungsmaximen gemacht werden. »Doing gender« und »making the difference« sind Strategien, die in allen Institutionen am Werke sind. Sie dienen dem Zweck, hierarchische Geschlechterordnungen zu etablieren bzw. zu befestigen.

54 Die Meinung, dass »Geschlecht« vor anderen Statusgebern Vorrang hat, wird nicht von allen Feministinnen geteilt. Petra Frerichs und Margareta Steinrücke kommen zu dem Schluss, dass verschiedene Strukturierungen in der Ineinanderfügung von Klasse und Geschlecht (qua Herkunft, Klasse, Geschlecht, potenziell aber auch qua Ethnie oder Region oder Generation) inkorporiert sind und sich amalgamieren. Das bedeutet für sie, dass sich das Geschlechterverhältnis in den Klassen ausdifferenziert – sie sprechen darum von einer Klassengeschlechtsverschränkung. Vgl. hierzu: Petra Frerichs / Margareta Steinrücke (Hg.), Klasse, Geschlecht, Kultur. Dokumentation eines Workshops anläßlich des 25jährigen Bestehens des Instituts zur Erforschung sozialer Chancen ISO am 8. November 1996 in Köln, Köln 1997; dies., Klasse und Geschlecht 1: Arbeit – Macht – Anerkennung – Interessen, Opladen 1997.

55 Helga Krüger, Dominanzen im Geschlechterverhältnis, a.a.O., S. 206.

56 Ebenda.

57 Theodor W. Adorno, Einleitung in die Soziologie, Frankfurt/M. 1993, S. 63.

58 Reinhard Kreckel, Politische Soziologie der sozialen Ungleichheit, Frankfurt/M./New York 1992.

59 Gerda Lerner, Die Entstehung des Patriarchats, Frankfurt/M. 1986, S. 301.

60 Karin Hausen, Das Aussagesystem der Geschlechtscharaktere, a.a.O.

61 Carol Hagemann-White, Sozialisation, a.a.O., S. 229; Suzanne Kessler / Wendy Mc Kenna, Gender. An Ethnomethodological Approach, New York 1987; Sherry Ortner/Harriet Whitehead (Hg.), Sexual Meaning. The Cultural Construction of Gender and Sexuality, New York 1981.

62 Stefan Hirschauer, Wie sind Frauen, wie sind Männer? Zweigeschlechtlichkeit als Wissenssystem, in: Christiane Eifert/Angelika Epple u.a. (Hg.), Was sind Frauen? Was sind Männer? Geschlechterkonstruktionen im historischen Wandel, Frankfurt/M. 1996, S. 244.

63 »Queer Studies« bezeichnet eine wissenschaftlich-kulturelle Strömung in den USA, die sich mit Fragen der kulturellen Produktion geschlechtlicher Normalität und Abweichung befasst und sich gegen die traditionellen Formen der Identitätspolitik sexueller Minoritäten wendet.

64 Barbara Duden, Geschichte unter der Haut, Stuttgart 1987; Claudia Honegger, Die Ordnung der Geschlechter. Die Wissenschaften vom Menschen und das Weib, Frankfurt/M./New York 1991; Thomas Laqueur, Auf den Leib geschrieben. Die Inszenierung der Geschlechter von der Antike bis Freud, Frankfurt/M./New York 1992.

65 Judith Lorber/Susan A. Farell (Hg.), The Social Construction of Gender, London 1991, S. 7.

66 Vgl. Ann Fausto-Sterling, Mythos of Gender. Biological Theories about Women and Men, New York 1985.

67 John Money/John G. Hampson, An Examination of Some Basic Sexual Concepts. The Evidence of Human Hermaphroditism, in: Bulletin of Johns Hopkins Hospital 97, 1955, S. 301-319; Robert Stoller, Sex and Gender. On the Development of Masculinity and Femininity, New York 1968.

68 Cornelia Klinger, Zwei Schritte vorwärts, einer zurück – und ein vierter darüber hinaus. Die Etappen feministischer Auseinandersetzung mit der Philosophie, in: Die Philosophin 10, Heft 12, 1995, S. 90f.

69 Ebenda, S. 92f.

70 Die im sozialkonstruktivistischen Kontext dieser Debatte gebräuchliche Rede von der »Gleichursprünglichkeit« (von Sex und Gender) ist aus einer dialektischen Perspektive als inkonsequent zu kritisieren, da sie – entgegen ihrem antiontologischen Impetus – zwei voneinander zwar nicht trennbare, aber gleichwohl »ursprüngliche« Seiten unterstellt.

71 Stefan Hirschauer, Dekonstruktion und Rekonstruktion. Plädoyer für die Erforschung des Bekannten, in: Feministische Studien 2, 1993, S. 57.

72 Ebenda.

73 Sandra Bem, The Lenses of Gender. Transforming the Debate on Sexual Inequality, New Haven/London 1993, S. 2.

74 Harold Garfinkel, Studies in Ethnomethodology, Englewood Cliffs 1967; Candace West/Don Zimmerman, Doing Gender. Gender and Society 1, 1987, S. 125-151; Judith Lorber, Paradoxes of Gender, New York 1994.

75 Regine Gildemeister/Angelika Wetterer, Wie Geschlechter gemacht werden. Die soziale Konstruktion der Zweigeschlechtlichkeit und ihre Reifizierung in der Frauenforschung, in: Gudrun-Axeli Knapp/ Angelika Wetterer (Hg.), Traditionen Brüche. Entwicklungen feministischer Theorie, Freiburg 1992, S. 231.

76 Candace West/Don Zimmerman, Doing Gender, a.a.O., S. 126.

77 Carol Hagemann-White, Sozialisation, a.a.O.

78 Randall Collins, Four Sociological Traditions, Oxford 1994.

79 Stefan Hirschauer, Die soziale Konstruktion der Transsexualität, Frankfurt/M. 1993; Gesa Lindemann, Das paradoxe Geschlecht. Transsexualität im Spannungsfeld von Körper, Leib und Gefühl, Frankfurt/M. 1993.

80 Vgl. z.B.: Marianne Krüll, Das rekursive Denken im radikalen Konstruktivismus und im Feminismus, in: Wege aus der männlichen Wissenschaft, hrsg. von Marianne Krüll, Pfaffenweiler 1990, S. 97-114; Ursula Pasero/Friederike Braun (Hg.), Konstruktion von Geschlecht, Pfaffenweiler 1995.

81 Stefan Hirschauer, Wie sind Frauen, a.a.O., S. 243.

82 Vgl. z.B.: Cynthia Cockburn, Die Herrschaftsmaschine, Hamburg/ Berlin 1988.

83 Robin Leidner, Serving Hamburgers and Selling Insurance. Gender, Work and Identity in Interactive Service Jobs, in: Gender and Society, 5. Jg., Nr. 2, 1991, S. 154-177; Gudrun-Axeli Knapp, Unterschiede machen. Zur Sozialpsychologie der Hierarchisierung im Geschlechterverhältnis, in: Regina Becker-Schmidt/Gudrun-Axeli Knapp (Hg.), Das Geschlechterverhältnis als Gegenstand der Sozialwissenschaften, a.a.O.

84 Candace West/Don Zimmerman, Doing Gender, a.a.O., S. 32.

85 Carol Hagemann-White, Sozialisation, a.a.O.; Stefan Hirschauer, Dekonstruktion und Rekonstruktion. Plädoyer für die Erforschung des Bekannten, in: Ursula Pasero/Friederike Braun (Hg.), Konstruktion

von Geschlecht, Pfaffenweiler 1995, S. 67-89; Gudrun-Axeli Knapp, Segregation in Bewegung. Einige Überlegungen zum »Gendering« von Arbeit und Arbeitsvermögen, in: Karin Hausen/Gertraude Krell (Hg.), Frauenerwerbsarbeit. Forschungen zu Geschichte und Gegenwart, München 1993; Christiane Schmerl, Feminismus und deutsche Psychologie. Versuch einer Zwischenbilanz, in: Bettina Dausien u.a. (Hg.), Erkenntnisprojekt Geschlecht. Feministische Perspektiven verwandeln Wissenschaft, Opladen 1999.

86 Angelika Wetterer, Profession und Geschlecht. Über die Marginalität von Frauen in hochqualifizierten Berufen, Frankfurt/M./New York 1992, S. 31.

87 Judith Lorber/Susan A. Farell (Hg.), The Social Construction, a.a.O.

88 Vgl. Regina Becker-Schmidt, Einheit – Zweiheit – Vielheit. Identitätslogische Implikationen in feministischen Emanzipationskonzepten, in: Zeitschrift für Frauenforschung, 14. Jg., 1+2, 1996, S. 5-19.

89 Ilse Lenz/Ute Luig (Hg.), Frauenmacht ohne Herrschaft. Geschlechterverhältnisse in nichtpatriarchalen Gesellschaften, Berlin 1990; Florence Weiß, Zur Kulturspezifik der Geschlechterdifferenz und des Geschlechterverhältnisses. Die Iatmul in Papua-Neuguinea, in: Regina Becker-Schmidt/Gudrun-Axeli Knapp (Hg.), Geschlechterverhältnis, a.a.O., S. 47-85.

90 Vgl. z.B. Angelika Wetterer, Profession und Geschlecht, a.a.O.; Ulrike Teubner, Geschlecht und Wissenschaft – Geschlechterhierarchie und/oder Geschlechterdifferenz, in: Informatik und Gesellschaft 3, 1993, S. 19-22.

91 Beschränkt sich »Dekonstruktion« im sozialkonstruktivistischen Spektrum letztlich auf eine empirisch orientierte Re-Konstruktion der Konstruktionsprozesse von Geschlecht, so bezeichnet der an Derrida orientierte Dekonstruktionsbegriff eine Lektürepraxis, »die in den Texten die Spannung des Versuches, ›etwas zu sagen‹, liest und exponiert« und die auch nach der sprachlichen Verfasstheit der eigenen Rede und ihrer Möglichkeit fragt. (Bettine Menke, Verstellt – der Ort der Frau und die Stimme des Textes, in: Nathalie Amstutz/Martina Kuoni (Hg.), Theorie – Geschlecht – Fiktion, Frankfurt/M. 1994, S. 189. Vgl. auch: Gudrun-Axeli Knapp, Differenz und Dekonstruktion. Anmerkungen zum »Paradigmenwechsel« in der Frauenfor-

schung, in: Stefan Hradil (Hg.), Differenz und Integration. Die Zukunft moderner Gesellschaften. Verhandlungen des 28. Kongresses der Deutschen Gesellschaft für Soziologie in Dresden 1996, Frankfurt/M./New York 1997, S. 497-514.

92 Erika Haas (Hg.), Verwirrung der Geschlechter. Dekonstruktion und Feminismus, München/Wien 1995, S. 10.

93 Barbara Duden, Die Frau ohne Unterleib: Zu Judith Butlers Entkörperung. Ein Zeitdokument, in: Feministische Studien: Kritik der Kategorie »Geschlecht«, 11. Jg., Nr. 2, 1993, S. 28 f.

94 Butler selbst hat sich allerdings gegen diese Zuordnung gewehrt, da Etiketten dieser Art stets mit Homogenitätsunterstellungen einhergingen, die den stets unabgeschlossenen Aneignungs- und Umdeutungsprozessen, in denen theoretisches Denken sich vollzieht, nicht angemessen seien. Vgl. Judith Butler, Kontingente Grundlagen. Der Feminismus und die Frage der »Postmoderne«, in: Seyla Benhabib u.a., Der Streit um Differenz. Feminismus und Postmoderne in der Gegenwart, Frankfurt/M. 1993, S. 31 ff.

95 Judith Butler, Das Ende der Geschlechterdifferenz?, in: Museum für Gestaltung Zürich (Hg.), Konturen des Unentschiedenen, Zürich 1997, S. 36.

96 Ebenda, S. 33.

97 Dies., Das Unbehagen der Geschlechter, Frankfurt/M. 1991, S. 24.

98 Sabine Hark, Deviante Subjekte. Die paradoxe Politik der Identität, Opladen 1996; Cornelia Ott, Spuren der Lüste. Sexualität, Geschlecht und Macht, Opladen 1998.

99 Judith Butler, Das Unbehagen, a.a.O., S. 38.

100 Ebenda, S. 23.

101 Ebenda, S. 60.

102 Ebenda, S. 49.

103 Ebenda, S. 206.

104 Ebenda, S. 203.

105 Sabine Hark, Parodistischer Ernst und politisches Spiel. Zur Politik in der GeschlechterParodie, in: Antje Hornscheidt/Gabriele Jähnert/Annette Schlichter (Hg.), Kritische Differenzen – Geteilte Perspektiven. Zum Verhältnis von Feminismus und Postmoderne, Opladen/Wiesbaden 1998, S. 118.

106 Interview mit Judith Butler: »Gender is not something which one

puts on«, in: Die GEZEIT. Zeitschrift der Fakultätsvertretung Geisteswissenschaften, Universität Wien, Nr. 3, 1994, S. 21.

107 Vgl. z.B. die Beiträge von Hannelore Bublitz, Andrea Bührmann, Sabine Mehlmann, Annette Runte und Klaus Müller in: Hannelore Bublitz (Hg.), Das Geschlecht der Moderne – Zur Genealogie und Archäologie der Geschlechterdifferenz, Frankfurt/M./New York 1998; Andrea Bührmann, Das authentische Geschlecht. Die Sexualitätsdebatte der Neuen Frauenbewegung und die Foucaultsche Machtanalyse, Münster 1995; Cornelia Ott, Die Spur der Lüste. Sexualität, Geschlecht und Macht, Opladen 1998.

108 Z.B. Barbara Duden, Die Frau ohne Unterleib, a.a.O., S. 24-34; Carmen Gransee, Grenz-Bestimmungen. Zum Problem identitätslogischer Konstruktionen von »Natur« und »Geschlecht«, Tübingen 1999; Stefan Hirschauer, Dekonstruktion und Rekonstruktion. Plädoyer für die Erforschung des Bekannten, in: Feministische Studien, 11. Jg., Nr. 2, 1993, S. 55-68. Isabell Lorey, Immer Ärger mit dem Subjekt. Theoretische und politische Konsequenzen eines juridischen Machtmodells. Judith Butler, Tübingen 1996; Andrea Maihofer, Geschlecht als Existenzweise. Einige kritische Anmerkungen zu aktuellen Versuchen zu einem neuen Verständnis von »Geschlecht«, in: Institut für Sozialforschung (Hg.), Geschlechterverhältnisse und Politik, Frankfurt/M. 1994.

109 Donna Haraway, Anspruchsvoller Zeuge@Zweites Jahrtausend. FrauMann trifft OncoMouse TM. Leviathan und die vier Jots. Die Tatsachen verdrehen, in: Elvira Scheich (Hg.), Vermittelte Weiblichkeit. Feministische Wissenschafts- und Gesellschaftstheorie, Hamburg 1996, S. 361.

110 Dies., Die Neuerfindung der Natur, Frankfurt/M./New York 1995, S. 36 ff.

111 Dies., Anspruchsvoller Zeuge, a.a.O., S. 366.

112 Bruno Latour, Wir sind nie modern gewesen. Versuch einer symmetrischen Anthropologie, Berlin 1995, S. 13.

113 Donna Haraway, Monströse Versprechen, Hamburg 1995, S. 15.

114 Carmen Gransee, Geschlecht als »artefaktische Natur«? Anmerkungen zum identitätskritischen Ansatz von Donna Haraway, in: Brita L. Behm/Gesa Heinrichs/Holger Tiedemann (Hg.), Das Geschlecht der Bildung – die Bildung des Geschlechts, Opladen 1999.

115 Donna Haraway, Die Neuerfindung, a.a.O., S. 53.
116 Dies., Jenseitige Konversationen; irdische Themen; lokale Begriffe, in: dies., Monströse Versprechen, a.a.O., S. 82.
117 Jutta Weber, Feminismus & Konstruktivismus. Zur Netzwerktheorie bei Donna Haraway, in: Das Argument 227, 1998, S. 703.
118 Carmen Hammer/Immanuel Stieß, Einleitung zu: Donna Haraway, Die Neuerfindung, a.a.O., S. 14.
119 Donna Haraway, Wir sind immer mittendrin. Ein Interview mit Donna Haraway, in: dies., Die Neuerfindung, a.a.O., S. 108.
120 Dies., Die Neuerfindung, a.a.O., S. 110.
121 Ebenda, S. 116.
122 Jutta Weber, Feminismus & Konstruktivismus, a.a.O., S. 709.
123 Regina Becker-Schmidt, Trennung, Verknüpfung, Vermittlung. Zum feministischen Umgang mit Dichotomien, in: Gudrun-Axeli Knapp (Hg.), Kurskorrekturen. Feminismus zwischen Kritischer Theorie und Postmoderne, Frankfurt/M./New York 1998.
124 Kathrin Braun, Mensch, Tier, Schimäre. Grenzauflösungen durch Technologie, in: Gudrun-Axeli Knapp (Hg.), Kurskorrekturen, a.a.O., S. 153-178.
125 Robin Morgan (Hg.), Sisterhood is Powerful. An Anthology of Writings from the Women's Liberation Movement, New York 1970.
126 Vor allem im politischen Kontext der Frauenbewegung, erst allmählich wurde sie Gegenstand theoretischer und empirischer Forschung. Vgl. z.B. Regina Dackweiler, Ausgegrenzt und eingemeindet. Die neue Frauenbewegung im Blick der Sozialwissenschaften, Münster 1995.
127 Cornelia Klinger, Über neuere Tendenzen in der Theorie der Geschlechterdifferenz, in: Deutsche Zeitschrift für Philosophie, 43. Jg., Heft 5, 1995, S. 802.
128 Diana Fuss, Essentially Speaking. Feminism, Nature and Difference, New York 1989.
129 Cornelia Klinger, Über neuere Tendenzen in der Theorie der Geschlechterdifferenz, a.a.O., S. 801.
130 Teresa de Lauretis, Technologies of Gender, a.a.O., S. 11 (eigene Übersetzung).
131 Sybille Küster, Wessen Postmoderne?, in: Gudrun-Axeli Knapp (Hg.), Kurskorrekturen, a.a.O., S. 178-215.
132 Angela Davis, Women, Race and Class, New York 1981; dies., Wo-

men, Culture and Politics, New York 1989; Patricia Hill Collins, Black Feminist Thought. Knowledge, Consciousness and the Politics of Empowerment, London/New York 1991; Stanlie M. James/Abena P. A. Busia (Hg.), Theorizing Black Feminism. The visionary pragmatics of black women, London/New York 1993.

133 Candace West/Sarah Fenstermaker, Doing Difference, in: Gender and Society 9, 1995, S. 8-37; Symposium on West's and Fenstermaker's »Doing Difference«, in: Gender and Society 9, 1995, S. 491-513; Karin Gottschall, Zum Erkenntnispotential sozialkonstruktivistischer Perspektiven für die Analyse von sozialer Ungleichheit und Geschlecht, in: Stefan Hradil (Hg.), Differenz und Integration. Die Zukunft moderner Gesellschaften, Frankfurt/M. 1997, S. 514-529.

134 Teresa de Lauretis, Technologies of Gender, a. a. O., S. 2.

135 Klaus Milich, Feminismus und Postmoderne, in: Antje Hornscheidt/Gabriele Jähnert/Annette Schlichter (Hg.), Kritische Differenzen – Geteilte Perspektiven, a. a. O., S. 65.

136 Ebenda, S. 66.

137 Z.B. Ruth Bleier, Science and Gender, Elmsford NY 1983; Sandra Harding, Feministische Wissenschaftstheorie. Zum Verhältnis von Wissenschaft und sozialem Geschlecht, Hamburg 1986; Evelyn Fox Keller, Liebe, Macht und Erkenntnis. Männliche oder weibliche Wissenschaft?, München 1986; dies., Geschlecht und Wissenschaft. Eine Standortbestimmung, in: Barbara Orland/Elvira Scheich (Hg.), Das Geschlecht der Natur. Feministische Beiträge zur Geschichte und Theorie der Naturwissenschaften, Frankfurt/M. 1995, S. 64-91; Helen Longino, Science as Social Knowledge, Princeton NJ 1990; Donna Haraway, Situiertes Wissen. Die Wissenschaftsfrage im Feminismus und das Privileg einer partialen Perspektive, in: Elvira Scheich (Hg.), Vermittelte Weiblichkeit. Feministische Wissenschafts- und Gesellschaftstheorie, Hamburg 1996, S. 217-249.

138 Susan Bordo, Feminism, Postmodernism, and Gender-Scepticism, in: Linda Nicholson (Hg.), Feminism/Postmodernism, New York/London 1990, S. 133-156.

139 Zur Entfaltung dieses Arguments siehe: Cornelia Klinger, Feministische Philosophie als Dekonstruktion und Kritische Theorie. Einige abstrakte und spekulative Überlegungen, in: Gudrun-Axeli Knapp (Hg.), Kurskorrekturen, a. a. O., S. 242-257.

140 So hat etwa die Philosophin Uma Narayan darauf aufmerksam gemacht, dass Versuche, essenzialistische Konzeptionen von Geschlechterdifferenz durch Verweise auf kulturelle Differenzen zwischen Frauen zu vermeiden, allzu oft in essenzialistische Konzeptionen von »Dritte-Welt-Kulturen« und deren Kontrast zur westlichen Kultur münden. Uma Narayan, Essence of Culture and a Sense of History. A Feminist Critique of Cultural Essentialism, in: Hypatia, Sonderheft: Border Crossings: Multicultural and Postcolonial Feminist Challenges to Philosophy, Bd. 13, Nr. 2, 1998, S. 86-107.

141 Vgl. dazu u.a.: Sybille Küster, Wessen Postmoderne?, a.a.O; Gerlinde Schein/Sabine Strasser (Hg.), Intersexions. Feministische Anthropologie zu Geschlecht, Kultur und Sexualität, Wien 1997.

142 Nancy Fraser, Justice Interruptus. Critical Reflections on the »Postsocialist« Condition, London/New York 1997, S. 2.

143 Zur Politik der Anerkennung vgl.: Axel Honneth, Der Kampf um Anerkennung. Zur moralischen Grammatik sozialer Konflikte, Frankfurt/M. 1992; Charles Taylor, The Politics of Recognition, in: Amy Gutmann (Hg.), Multiculturalism and »The Politics of Recognition«, Princeton 1992, S. 25-75 (deutsch: Multikulturalismus und die Politik der Anerkennung, Frankfurt/M. 1997).

144 Daniel Bell, Die kulturellen Widersprüche des Kapitalismus, Frankfurt/M./New York 1991.

145 Seyla Benhabib, Kulturelle Vielfalt, a.a.O., S. 35.

146 Ebenda, S. 35.

147 Ebenda, S. 36.

148 Ebenda, S. 36.

149 Ebenda, S. 37.

150 Eine solche Gruppenvertretung soll Folgendes gewährleisten: »1. Die Selbstorganisation der Gruppenmitglieder, so daß sie einen Sinn für kollektive Ermächtigung gewinnen sowie ein reflexives Verständnis ihrer kollektiven Erfahrung und ihres kollektiven Interesses im Kontext der Gesellschaft. 2. Das Öffentlichmachen einer von der Gruppe erstellten Analyse, wie sich gesellschaftspolitische Maßnahmen auf sie auswirken, sowie das Hervorbringen eigener politischer Vorschläge, und zwar in institutionellen Zusammenhängen, wo die Entscheidungsträger dazu verpflichtet sind zu zeigen, daß sie diese Perspektiven in ihre Überlegungen einbezogen haben. 3. Die Veto-

macht im Hinblick auf ganz bestimmte politische Maßnahmen, die eine Gruppe direkt betreffen – Beispiele sind die Reproduktion betreffende Rechte für Frauen oder die Nutzung von Reservatsgebieten für amerikanische Indianer.« Iris Marion Young, Das politische Gemeinwesen und die Gruppendifferenz. Eine Kritik am Ideal des universalen Staatsbürgerstatus, in: Herta Nagl-Docekal/Herlinde Pauer-Studer (Hg.), Jenseits der Geschlechtermoral. Beiträge zur feministischen Ethik, Frankfurt/M. 1993, S. 282.

151 Ebenda, S. 282.

152 Ebenda, S. 283.

153 Christiane Lemke/Katrin Töns, Feministische Demokratietheorie und der Streit um Differenz, in: Gudrun-Axeli Knapp (Hg.), Kurskorrekturen, a.a.O., S. 227.

154 Will Kymlicka 1993, Group Representation in Canadian Politics, Paper for the IRPP Project on »Communities, the Charter and Interest Advocacy«, S. 12, zit. nach: Katharina Pühl, Ein feministischer Begriff der Politik. Neuere Beiträge, unveröffentlichte Magisterarbeit, S. 57.

155 Iris Marion Young, Geschlecht als serielle Kollektivität. Frauen als soziales Kollektiv, in: Institut für Sozialforschung Frankfurt/Katharina Pühl (Hg.), Geschlechterverhältnisse und Politik, Frankfurt/M. 1994, S. 234.

156 Dies., Geschlecht als serielle Kollektivität, a.a.O., S. 253.

157 Katharina Pühl, Ein feministischer Begriff der Politik, a.a.O., S. 50.

158 Seyla Benhabib, Kulturelle Vielfalt und demokratische Gleichheit, a.a.O., S. 13 ff.

159 Max Weber und viele Soziologen nach ihm schlagen vor, Klassen anhand von mehreren Kriterien zu bestimmen, die soziale Rangordnungen vorgeben: Ansehen, Einkommen und Macht.

160 Zur Kritik an Nancy Frasers Konzeptualisierung von Politiken der Redistribution und der Anerkennung vgl.: Regina Becker-Schmidt, Soziale Ungleichheit und Identitätspolitik. Eine Kontroverse zwischen feministischem Pragmatismus und Kritischer Theorie, in: Zeitschrift für kritische Theorie, 5. Jg., Heft 9, 1999, S. 89-102.

161 In den USA changiert er zwischen Varianten der amerikanischen Schichtungssoziologie, Weber und Marx. In Großbritannien hat sich dagegen eine ausgedehnte kulturhistorisch-empirisch ausgerichtete

Diskussion zum Klassenbegriff und zum Verhältnis von Klasse und Gender entfaltet. Im Mittelpunkt dieser Diskussion steht die Erkenntnis der Klassenteilung von Geschlecht und der Geschlechtsgeteiltheit von Klassen. Die Gender-Class-Debatte ist in Deutschland vor allem von Petra Frerichs und Margarete Steinrücke aufgegriffen worden, die mit einem an Bourdieu angelehnten Konzept der Klassenpositionierung und einem dreidimensionalen Modell des sozialen Raumes arbeiten. Vgl. Petra Frerichs/Margareta Steinrücke, Frauen im sozialen Raum. Offene Forschungsprobleme bei der Bestimmung ihrer Klassenposition, in: dies. (Hg.), Soziale Ungleichheit und Geschlechterverhältnisse, Opladen 1993, S. 191-206; dies., Klasse und Geschlecht 1. Arbeit – Macht – Anerkennung – Interessen, Opladen 1997; dies. (Hg.), Klasse, Geschlecht, Kultur, a.a.O. Für einen Überblick über die englische Diskussion vgl.: Rosemary Crompton, Class and Stratification. An Introduction to Current Debates, Cambridge 1993.

162 Während hier davon ausgegangen wird, dass in Deutschland ein kritisches Verständnis des Rassebegriffs vorherrscht, weist Sedef Gümen auf die Verbreitung identitätstheoretisch-kulturalistischer Lesarten des »Race«-Begriffs in der deutschsprachigen feministischen Diskussion hin. Darin zeigen sich nach ihrer Auffassung (auch) Kontinuitätsmomente völkischer Denktraditionen. Sedef Gümen, Geschlecht und Ethnizität in der bundesdeutschen und US-amerikanischen Frauenforschung, in: Texte zur Kunst, 4. Jg., Nr. 15, S. 127-139.

163 Z.B. Theresa Wobbe, The Boundaries of Community. Gender Relations and Racial Violence, in: Helma Lutz/Ann Phoenix/Nira Yuval-Davis (Hg.), Crossfires. Nationalism, Racism and Gender in Europe, London 1995, S. 88-105; Nora Räthzel, Nationalism and Gender in West Europe. The German Case, in: Helma Lutz u.a. (Hg.), Crossfires, a.a.O., S. 161-190.

164 Sedef Gümen, Grenzziehungen zwischen Frauen in der Einwanderungsgesellschaft BRD, Vortrag in der Sektion Frauenforschung der Deutschen Gesellschaft für Soziologie, 28. Kongreß für Soziologie, Dresden, 1996; Encarnacion Guiterrez-Rodriguez, Jenseits der Differenz- und Integrationsdiskurse. Die Frage nach Subjektpositionen und Veränderungspotentialen von Frauen in der Migration, Vortrag in der Sektion Frauenforschung der Deutschen Gesellschaft für Soziologie, 28. Kongreß für Soziologie, Dresden, 1996.

165 Cornelia Klinger, Theorie der Geschlechterdifferenz, a.a.O., S. 808.

166 Simone de Beauvoir, Das andere Geschlecht. Sitte und Sexus der Frau, Reinbek 1986, S. 8.

167 Cornelia Klinger, Theorie der Geschlechterdifferenz, a.a.O., S. 808.

168 Jane Flax, Postmoderne und Geschlechter-Beziehungen in der feministischen Theorie, in: Heiner Keupp (Hg.), Lust an der Erkenntnis: Der Mensch als soziales Wesen. Sozialpsychologisches Denken im 20. Jahrhundert. Ein Lesebuch, München 1995, S. 263.

169 Ebenda, S. 264.

170 Vgl. hierzu: Donna Haraway, Situiertes Wissen. Die Wissenschaftsfrage und das Privileg einer partialen Perspektive, in: Elvira Scheich (Hg.), Vermittelte Weiblichkeit, a.a.O., S. 246.

171 Maya Nadig, Der ethnologische Weg zur Erkenntnis. Das weibliche Subjekt in der feministischen Wissenschaft, in: Gudrun-Axeli Knapp/ Angelika Wetterer (Hg.), Traditionen Brüche, a.a.O., S. 157.

172 »Konstituiert« heißt soviel wie »bestimmt«, »konstitutiv« soviel wie »bestimmend«.

173 Judith Butler, Psyche der Macht, S. 125ff.

174 Butler sieht nicht, dass Identifikation bei Freud als Transformation von sexuell-libidinösen Triebregungen in triebgehemmt-mimetische und damit als Kompromiss zu verstehen ist. Von daher gesehen lässt sich gegen sie einwenden: Die Identifikation des Mädchens mit der Mutter ist zum einen nicht so gefährlich, wie Butler glaubt, weil in der Nachahmung sexuelles Begehren aufgehoben wird und weil der Wunsch, so zu werden wie die Mutter, mit der normativen Erwartung konform geht, das Mädchen möge eine Frau werden.

175 Auch hier bleibt Butler eine Erklärung schuldig: Das sexuelle Begehren, das sich an die Mutter heftet, ist heterosexuell. Die Abwehr alles Mütterlichen muss also aus tiefer sitzenden Konflikten herrühren als der Angst, als homosexuell zu gelten. (Vgl. dazu Becker-Schmidt, 2000, S. 71-90; 2007)

176 Hannelore Bublitz (Hg.), Das Geschlecht der Moderne. Genealogie und Archäologie der Geschlechterdifferenz, Frankfurt/M./New York 1998.

177 Donna Haraway, Anspruchsloser Zeuge, a.a.O., S. 352 ff.

178 Teresa de Lauretis, Eccentric Subjects. Feminist Theory and Historical Consciousness, in: Feminist Studies, 16/1, 1990, S. 115f.

179 Vgl. hierzu: Hannelore Bublitz, Foucaults Archäologie des kulturellen Unbewußten. Zum Wissensarchiv und Wissensbegehren moderner Gesellschaften, Frankfurt/M./New York 1999, S. 127.

180 Ebenda, S. 125.

181 Ebenda, S. 127 f.

182 Ebenda, S. 125.

183 Ebenda, S. 134 f.

184 Nancy Fraser, Widerspenstige Praktiken. Macht, Diskurs, Geschlecht, Frankfurt/M. 1994, S. 36.

185 Ebenda, S. 53 u. 51.

186 Der späte Foucault hat sich zwar ethischen Problematiken zugewandt, aber seine früheren wissenschaftlichen Konzepte dadurch nicht infrage gestellt.

187 Es gab noch ein anderes Hindernis für eine feministische Diskussion der Psychoanalyse. Sie wurde in der Frauenforschung nicht nur wegen ihres androzentrischen Bias abgewehrt; vor allem in der pragmatisch-handlungsorientierten US-amerikanischen Tradition stießen Freuds Konzepte vom Unbewussten und seine Triebtheorie auf heftige Abwehr. Beispielhaft sei an Kate Millett erinnert, die in ihrem Buch *Sexus und Herrschaft* (München 1971) gegen Freud polemisiert. Juliet Mitchell macht in ihrer Schrift *Psychoanalyse und Feminismus* (Frankfurt/M. 1976) seine Auffassung von unbewusster Fantasieproduktion, von der Macht psychischer Realitäten und triebhafter Impulse adäquat nachvollziehbar. Ihre Kritik an Freud hat allerdings Grenzen: An Jacques Lacan angelehnt, zeichnet sie »das Gesetz des Vaters« und die Macht dieses Gesetzes im Leben jedes einzelnen Mädchens und Knaben als wirklichkeitsgetreues Abbild des Patriarchats nach und stützt damit Freuds irrationale frauendiskriminierende Sichtweise über manche Strecken.

188 Luce Irigaray, Speculum. Spiegel des anderen Geschlechts, Frankfurt/M. 1980, S. 169.

189 Renate Schlesier, Mythos und Weiblichkeit bei Sigmund Freud, Frankfurt/M. 1990 (Neuauflage mit verändertem Titel). Danach wird im Folgenden zitiert.

190 Die unbewussten Materialien, die in der Kur zutage treten, lassen sich nie ganz aufklären. Der Weg in die biografische Vergangenheit, die verschüttet ist, kann nicht alle Schichten des Vergrabenen abtra-

gen. Die »blinden Flecken« müssen – am rätselhaften Stoff entlang – durch Hypothesen überbrückt werden. Diese Brückenschläge sind Sinnkonstruktionen, die aus der Enträtselung von anscheinendem Un-Sinn gewonnen werden. In diese Sinnkonstruktionen geht notwendigerweise ein Stück Spekulation ein, das plausibel, aber vom Material nicht abgedeckt ist.

191 Renate Schlesier, Mythos und Weiblichkeit, a.a.O., S. 168 f.

192 Unter Triangulierung ist die Dreiecksbeziehung zwischen Kind, Mutter und Vater zu verstehen. In der ödipalen Phase, in welcher der Sohn mit dem Vater um die Mutter als Liebesobjekt konkurriert, tritt der Vater als Trennender auf. Er gebietet dem Sohn Verzicht, bietet sich als Identifikationsobjekt an und verhilft ihm so zu einer Lösung der Mutterbindung. Damit ist der Weg des Sohnes in die Individuation frei.

193 Einen Überblick über die feministische Diskussion zum Thema gibt: Marianne Hirsch, Mother/Daughter Plot. Narrative, Psychoanalysis, Feminism, Bloomington/Indianapolis 1989. In Deutschland hat besonders die Schrift von Christa Rohde-Dachser, *Expeditionen in den dunklen Kontinent* (Berlin/Heidelberg/New York 1991), wichtige Debatten angestoßen.

194 Nancy Chodorow, Das Erbe der Mütter, München 1985; Jessica Benjamin, Die Fesseln der Liebe, Basel/Frankfurt/M. 1990.

195 Im Unterschied zu Freud, der das triebhafte Subjekt, das Schicksal seiner libidinösen Objektbeziehungen und die intrapsychischen Konflikte in den Mittelpunkt seiner Entwicklungstheorien stellt, geht die Objektbeziehungstheorie stärker von den Interaktionen des Kindes mit Bezugspersonen und der Umwelt als Konstituenten für Individuationsprozesse aus.

196 In der deutschsprachigen Rezeption ihres Buches ist oft übersehen worden, welche Bedeutung die Objektbeziehungstheorie in den USA für die Akzeptanz psychoanalytischen Denkens hatte. Vgl. hierzu Haraway 1996, S. 224.

197 Die Thesen von Nancy Chodorow sind vielfältiger Kritik unterzogen worden: Bemängelt wurde die Familien- und Mütterzentriertheit ihrer Arbeit, die Orientierung an den Lebensverhältnissen einer westlichen, weißen, mittelständischen Bevölkerung, die Unterschätzung der Rolle des Vaters, die Nichtbeachtung triebdynami-

scher Konflikte vor allem in der Mutter-Tochter-Beziehung, die funktionalistische Interpretation der Kritischen Theorie der frühen Frankfurter Schule. Ihr Modell weiblicher Adoleszenz überzeichnet die Kontinuität, es gibt bei ihr in dieser Phase keine wirklich neuen Entwicklungsschübe. Vgl. z.B. Mechthild Rumpf, Spuren des Mütterlichen. Die widersprüchliche Bedeutung der Mutterrolle für die männliche Identitätsbildung in Kritischer Theorie und feministischer Wissenschaft, Frankfurt/M./Hannover 1989, S. 71-84.

198 Jessica Benjamin, Die Fesseln der Liebe, a.a.O., S. 17.

199 Ebenda, S. 438 f.

200 Vgl. auch hierzu die facettenreiche und profunde Kritik Mechthild Rumpfs. Sie deckt die Fehlinterpretationen Jessica Benjamins auf, die sowohl in der Rezeption von Horkheimers und Adornos *Dialektik der Aufklärung* als auch der freudschen Theorie stecken. Sie verweist auf die philosophischen und soziologischen Schwächen in der Analogisierung der hegelschen Herrschaft-Knechtschafts-Problematik und deckt auf, wo ihre Hypothesen in der Luft hängen, weil weder triebdynamische Aspekte noch interaktive Kontexte genau genug ausgelotet werden. Mechthild Rumpf, Spuren des Mütterlichen, a.a.O., S. 53-71.

201 Vgl. hierzu: Karin Flaake/Vera King (Hg.), Weibliche Adoleszenz. Zur Sozialisation junger Frauen, Frankfurt/M./New York 1992.

Literaturhinweise

Adorno, Theodor W., Einleitung in die Soziologie, Frankfurt/M. 1993.

Aulenbacher, Brigitte, Rationalisierung und Geschlecht in soziologischen Gegenwartsanalysen, Wiesbaden 2005.

Beauvoir, Simone de, Das andere Geschlecht. Sitte und Sexus der Frau, Reinbek 1986.

Becker-Schmidt, Regina, Einheit – Zweiheit – Vielheit. Identitätslogische Implikationen in feministischen Emanzipationskonzepten, in: Zeitschrift für Frauenforschung 1+2, 14. Jg., 1996.

Dies., Geschlechter- und Arbeitsverhältnisse in Bewegung, in: Aulenbacher, Brigitte/Funder, Maria/Jacobsen, Heike/Völker, Susanne (Hg.), Arbeit und Geschlecht im Umbruch moderner Gesellschaften. Forschung im Dialog, Reihe Geschlecht und Gesellschaft, Wiesbaden 2007 (i. E.).

Dies., Geschlechterverhältnis als Herrschaftsgefüge. Frauenpolitische Strategien, in: Kulke, Christine/Kopp-Degethoff, Heidi/Ramming, Ulrike (Hg.), Wider das schlichte Vergessen. Der Deutsch-Deutsche Einigungsprozeß. Frauen im Dialog, Berlin 1992.

Dies., Mädchen und Jungen auf der Suche nach geschlechtlicher Identität, in: Wiesse, Jörg (Hg.), Identität und Einsamkeit. Zur Psychoanalyse von Narzissmus und Beziehung, Göttingen 2000, S. 71-90.

Dies., Radikale Kritik als Basis feministischer Visionen, in: Hawel, Marcus/Kritidis, Gregor (Hg), Aufschrei der Utopie. Möglichkeiten einer anderen Welt, Hannover 2006, S. 67-84.

Dies., Relationalität zwischen den Geschlechtern. Konnexionen im Geschlechterverhältnis, in: Zeitschrift für Frauenforschung, Heft 3, 16. Jg., 1998.

Dies., Sozialkritische und subjekttheoretische Überlegungen zum System der Zweigeschlechtlichkeit und seiner gesellschaftlichen Organisation, in: Katschnig-Fasch, Elisabeth/Schindler, Margot/Timm, Elisabeth (Hg.), Kulturanalyse – Psychoanalyse – Sozialforschung, Sonder-

band der »Österreichischen Zeitschrift für Volkskunde«, Wien 2007 (i.E.).
Dies., Theorizing Gender Arrangements, in: dies. (Hg.), Gender and Work in Transition. Globalization in Western, Middle and Eastern Europe, Opladen 2002, S. 25-49.
Dies., Widersprüchliche Realität und Ambivalenz. Arbeitserfahrungen von Frauen in Fabrik und Familie, in: Kölner Zeitschrift für Soziologie und Sozialpsychologie, Heft 4, 32. Jg., 1980.
Dies. u.a., Nicht wir haben die Minuten, die Minuten haben uns. Zeitproblem und Zeiterfahrungen von Arbeitermüttern in Fabrik und Familie, Bonn 1982.
Becker-Schmidt, Regina/Knapp, Gudrun-Axeli (Hg.), Das Geschlechterverhältnis als Gegenstand der Sozialwissenschaften, Frankfurt/M./New York 1995.
Beer, Ursula, Geschlecht, Struktur, Geschichte. Soziale Konstituierung des Geschlechterverhältnisses, Frankfurt/M./New York 1990.
Dies., Theorien geschlechtlicher Arbeitsteilung, Frankfurt/M./New York 1984.
Beinssen-Hesse, Silke/Rigby, Kate, Out of the Shadows. Contemporary German Feminism, Melbourne 1996.
Bell, Daniel, Die kulturellen Widersprüche des Kapitalismus, Frankfurt/M./New York 1991.
Bem, Sandra, The Lenses of Gender. Transforming the Debate on Sexual Inequality, New Haven/London 1993.
Benhabib, Seyla, Kulturelle Vielfalt und demokratische Gleichheit. Politische Partizipation im Zeitalter der Globalisierung. Horkheimer Vorlesungen, Frankfurt/M. 1999.
Benjamin, Jessica, Die Fesseln der Liebe, Basel/Frankfurt/M. 1990.
Bennhold-Thomsen, Veronika, Subsistenzproduktion und erweiterte Reproduktion, in: Gesellschaft. Beiträge zur Marxschen Theorie 14, Frankfurt/M. 1981.
Bilden, Helga, Geschlechtsspezifische Sozialisation, in: Hurrelmann, Klaus/Ulich, Dieter (Hg.), Neues Handbuch der Sozialisationsforschung, Weinheim/Basel 1991.
Bleier, Ruth, Science and Gender, Elmsford NY 1983.
Bock, Gisela/Duden, Barbara, Arbeit aus Liebe – Liebe als Arbeit, in: Frauen und Wissenschaft. Beiträge zur Berliner Sommeruniversität für Frauen, Juli 1976, Berlin 1977.

Bordo, Susan, Feminism, Postmodernism, and Gender-Scepticism, in: Nicholson, Linda (Hg.), Feminism/Postmodernism, New York/London 1990.

Born, Claudia/Krüger, Helga/Lorenz-Meyer, Dagmar, Der unentdeckte Wandel. Annäherung an das Verhältnis von Struktur und Norm im weiblichen Lebenslauf, Berlin 1996.

Braidotti, Rosi, Gender und Post-Gender. Die Zukunft einer Illusion?, in: Zur Krise der Kategorien. Frau. Lesbe. Geschlecht, in: Frankfurter Frauenschule (Hg.), Facetten feministischer Theoriebildung 14, Materialienband, Frankfurt/M. 1994.

Bublitz, Hannelore (Hg.), Das Geschlecht der Moderne – Zur Genealogie und Archäologie der Geschlechterdifferenz, Frankfurt/M./New York 1998.

Dies., Foucaults Archäologie des kulturellen Unbewußten. Zum Wissensarchiv und Wissensbegehren moderner Gesellschaften, Frankfurt/M./ New York 1999.

Dies., Judith Butler zur Einführung, Hamburg 2002.

Bührmann, Andrea, Das authentische Geschlecht. Die Sexualitätsdebatte der Neuen Frauenbewegung und die Foucaultsche Machtanalyse, Münster 1995.

Butler, Judith, Das Ende der Geschlechterdifferenz?, in: Museum für Gestaltung Zürich (Hg.), Konturen des Unentschiedenen, Zürich 1997.

Dies., Interview: »Gender is not something which one puts on«, in: Die GEZEIT. Zeitschrift der Fakultätsvertretung Geisteswissenschaften, Universität Wien, Nr. 3, 1994.

Dies., Kontingente Grundlagen. Der Feminismus und die Frage der »Postmoderne«, in: Benhabib, Seyla, u.a., Der Streit um Differenz. Feminismus und Postmoderne in der Gegenwart, Frankfurt/M. 1993.

Dies., Körper von Gewicht. Die diskursiven Grenzen des Geschlechts, Frankfurt/M. 1995 (Bodies that Matter 1993).

Dies., Die Macht der Geschlechternormen, Frankfurt/M. 2011.

Dies., Psyche der Macht. Das Subjekt der Unterwerfung, Franfurt/M. 2000.

Dies, Das Unbehagen der Geschlechter, Frankfurt/M. 1991 (Gender Trouble 1990).

Dies., Unter Feministinnen: »The Trouble with Gender«. Interview mit Rosi Braidotti, in: Zur Krise der Kategorien – Frau. Lesbe. Geschlecht, in: Frankfurter Frauenschule (Hg.), Facetten feministischer Theoriebildung 14, Materialienband, Frankfurt/M. 1994.
Chodorow, Nancy, Das Erbe der Mütter, München 1985.
Cockburn, Cynthia, Die Herrschaftsmaschine, Hamburg/Berlin 1988.
Collins, Randall, Four Sociological Traditions, Oxford 1994.
Connell, Robert W., Gender and Power, Stanford/Cal. 1987.
Crompton, Rosemary, Class and Stratification. An Introduction to Current Debates, Cambridge 1993.
Crosby, Christina, Dealing with Differences, in: Butler, Judith/Scott, Joan W. (Hg.), Feminists Theorize The Political, New York 1992.
Dackweiler, Regina, Ausgegrenzt und eingemeindet. Die neue Frauenbewegung im Blick der Sozialwissenschaften, Münster 1995.
Dausien, Bettina, »Geschlechtsspezifische Sozialisation« – Konstruktiv(istisch)e Ideen zu Karriere und Kritik eines Konzepts, in: dies. u.a. (Hg.), Erkenntnisprojekt Geschlecht. Feministische Perspektiven verwandeln Wissenschaft, Opladen 1999.
Davis, Angela, Women, Culture and Politics, New York 1989.
Dies., Women, Race and Class, New York 1981.
Dölling, Irene, Zwei Wege gesellschaftlicher Modernisierung: Geschlechtervertrag und Geschlechterarrangements in gesellschafts-/modernisierungstheoretischer Perspektive, in: Knapp, Gudrun-Axeli/Wetterer, Angelika (Hg.), Achsen der Differenz. Gesellschaftstheorie und feministische Kritik II, Münster 2006, S. 73-100.
Duden, Barbara, Der Frauenleib als öffentlicher Ort. Vom Mißbrauch des Begriffs Leben, Hamburg 1991.
Dies., Die Frau ohne Unterleib: Zu Judith Butlers Entkörperung. Ein Zeitdokument, in: Feministische Studien: Kritik der Kategorie »Geschlecht«, Heft 2, 11. Jg., 1993.
Dies., Geschichte unter der Haut, Stuttgart 1987.
Fausto-Sterling, Ann, Mythos of Gender. Biological Theories about Women and Men, New York 1985.
Flaake, Karin/King, Vera (Hg.), Weibliche Adoleszenz. Zur Sozialisation junger Frauen, Frankfurt/M./New York 1992.
Flax, Jane, Postmoderne und Geschlechter-Beziehungen in der feministischen Theorie, in: Keupp, Heiner (Hg.), Lust an der Erkenntnis: Der

Mensch als soziales Wesen. Sozialpsychologisches Denken im 20. Jahrhundert. Ein Lesebuch, München 1995.

Foucault, Michel, Die Sorge um sich, Frankfurt/M. 1986.

Fox-Keller, Evelyn, Liebe, Macht und Erkenntnis. Männliche oder weibliche Wissenschaft?, München 1986.

Dies., Geschlecht und Wissenschaft. Eine Standortbestimmung, in: Orland, Barbara/Scheich, Elvira (Hg.), Das Geschlecht der Natur. Feministische Beiträge zur Geschichte und Theorie der Naturwissenschaften, Frankfurt/M. 1995.

Fraser, Nancy, Justice Interruptus. Critical Reflections on the »Postsocialist« Condition, London/New York 1997.

Dies., Widerspenstige Praktiken. Macht, Diskurs, Geschlecht, Frankfurt/M. 1994.

Frerichs, Petra/Steinrücke, Margareta, Klasse und Geschlecht 1. Arbeit – Macht – Anerkennung – Interessen, Opladen 1997.

Dies., Soziale Ungleichheit und Geschlechterverhältnis, Opladen 1993.

Fuss, Diana, Essentially Speaking. Feminism, Nature and Difference, New York 1989.

Garfinkel, Harold, Studies in Ethnomethodology, Englewood Cliffs 1967.

Gerhard, Ute, Gleichheit ohne Angleichung. Frauen im Recht, München 1990.

Dies., Verhältnisse und Verhinderungen. Frauenarbeit, Familie und Recht der Frauen im 19. Jahrhundert, Frankfurt/M. 1978.

Dies. u.a., Differenz und Gleichheit, Frankfurt/M. 1990.

Gottschall, Karin, Soziale Ungleichheit und Geschlecht. Kontinuitäten und Brüche, Sackgassen und Erkenntnispotentiale im deutschen soziologischen Diskurs, Opladen 2000.

Dies., Zum Erkenntnispotential sozialkonstruktivistischer Perspektiven für die Analyse von sozialer Ungleichheit und Geschlecht, in: Hradil, Stefan (Hg.), Differenz und Integration. Die Zukunft moderner Gesellschaften, Frankfurt/M. 1997.

Gransee, Carmen, Grenz-Bestimmungen. Zum Problem identitätslogischer Konstruktionen von »Natur« und »Geschlecht«, Tübingen 1999.

Haas, Erica (Hg.), Verwirrung der Geschlechter. Dekonstruktion und Feminismus, München/Wien 1995.

Hagemann-White, Carol, Sozialisation: Weiblich – männlich?, Opladen 1984.

Haraway, Donna, Monströse Versprechen. Coyote-Geschichten zu Feminismus und Technowissenschaft, Hamburg 1995.
Dies., Anspruchsvoller Zeuge@Zweites Jahrtausend. FrauMann trifft OncoMouse TM. Leviathan und die vier Jots. Die Tatsachen verdrehen, in: Scheich, Elvira (Hg.), Vermittelte Weiblichkeit. Feministische Wissenschafts- und Gesellschaftstheorie, Hamburg 1996.
Dies., Die Neuerfindung der Natur, Frankfurt/M./New York 1995.
Dies., Situiertes Wissen. Die Wissenschaftsfrage im Feminismus und das Privileg einer partialen Perspektive, in: Scheich, Elvira (Hg.), Vermittelte Weiblichkeit. Feministische Wissenschafts- und Gesellschaftskritik, Hamburg 1996, S. 217-248.
Harding, Sandra, Feministische Wissenschaftstheorie. Zum Verhältnis von Wissenschaft und sozialem Geschlecht, Hamburg 1986.
Hark, Sabine, Deviante Subjekte. Die paradoxe Politik der Identität, Opladen 1996.
Dies., Dissidente Partizipation. Eine Diskursgeschichte des Feminismus, Frankfurt/M. 2005.
Dies. (Hg.), Dis/Kontinuitäten: Feministische Theorie, Opladen 2001.
Dies., Parodistischer Ernst und politisches Spiel. Zur Politik der GeschlechterParodie, in: Hornscheidt, Antje/Jähnert, Gabriele/Schlichter, Annette (Hg.), Kritische Differenzen – Geteilte Perspektiven. Zum Verhältnis von Feminismus und Postmoderne, Opladen/Wiesbaden 1998.
Hassauer, Friederike, Gleichberechtigung und Guillotine. Olympe de Gouges und die feministische Menschenrechtserklärung der Französischen Revolution, in: Becher, Ursula A.J./Rüsen, Jörn (Hg.), Weiblichkeit in geschichtlicher Perspektive. Fallstudien und Reflexionen zu Grundproblemen der historischen Frauenforschung, Frankfurt/M. 1988.
Hausen, Karin, Die Polarisierung der »Geschlechtscharaktere«. Eine Spiegelung der Dissoziation von Erwerbs- und Familienleben, in: Conze, Werner (Hg.), Sozialgeschichte der Familie in der Neuzeit Europas, Stuttgart 1976.
Hausen, Karin/Wunder, Heide (Hg.), Frauengeschichte – Geschlechtergeschichte, Frankfurt/M./New York 1992.
Heintz, Bettina, Die Auflösung der Geschlechterdifferenz. Entwicklungstendenzen in der Theorie der Geschlechter, in: Bühler, Elisabeth, u.a. (Hg.), Ortssuche. Zur Geographie der Geschlechterdifferenz, Zürich/Dortmund 1993.

Hess, Beth B./Marx Ferree, Myra (Hg.), Analysing Gender. A Handbook of Social Research, Teil I, Beverly Hills/London/Neu Delhi 1987.
Hill Collins, Patricia, Black Feminist Thought. Knowledge, Consciousness and the Politics of Empowerment, London/New York 1991.
Hirsch, Marianne, Mother/Daughter Plot. Narrative, Psychoanalysis, Feminism, Bloomington/Indianapolis 1989.
Hirschauer, Stefan, Wie sind Frauen, wie sind Männer? Zweigeschlechtlichkeit als Wissenssystem, in: Eifert, Christiane, u.a. (Hg.), Was sind Frauen? Was sind Männer? Geschlechterkonstruktionen im historischen Wandel, Frankfurt/M. 1996.
Ders., Dekonstruktion und Rekonstruktion. Plädoyer für die Erforschung des Bekannten, in: Feministische Studien 2, 1993.
Honegger, Claudia, Die Ordnung der Geschlechter. Die Wissenschaften vom Menschen und das Weib, Frankfurt/M./New York 1991.
Irigaray, Luce, Speculum. Spiegel des anderen Geschlechts, Frankfurt/M. 1980.
Jaggar, Alison M., Feminist Politics and Human Nature, Sussex 1983.
James, Stanlie M./Busia Abena, P.A. (Hg.), Theorizing Black Feminism. The Visionary Pragmatics of Black Women, London/New York 1993.
Jürgens, Kerstin, Arbeits- und Lebenskraft. Reproduktion als eigensinnige Grenzziehung, Wiesbaden 2006.
Kanter, Rosabeth/Millman, Marcia (Hg.), Another Voice. Feminist Perspectives on Social Life and Social Science, New York 1975.
Kessler, Suzanne/Mc Kenna, Wendy, Gender. An Ethnomethodological Approach, New York 1987.
Klinger, Cornelia/Knapp, Gudrun-Axeli/ Sauer, Birgit (Hg.), Achsen der Ungleichheit. Zum Verhältnis von Klasse, Geschlecht und Ethnizität, Frankfurt/M./New York 2007.
Dies., Theorie der Geschlechterdifferenz, in: Deutsche Zeitschrift für Philosophie, 1995.
Dies./Knapp, Gudrun-Axeli (Hg.), ÜberKreuzungen. Fremdheit, Ungleichheit, Differenz, Münster 2008.
Dies., Zwei Schritte vorwärts, einer zurück – und ein vierter darüber hinaus. Die Etappen feministischer Auseinandersetzung mit der Philosophie, in: Die Philosophin 10, Heft 12, 1995.
Knapp, Gudrun-Axeli, Grundlagenkritik und stille Post. Zur Debatte um einen Bedeutungsverlust der Kategorie »Geschlecht«, in: Heintz, Bettina

(Hg.), Geschlechtersoziologie, Sonderheft 41/2001 der Kölner Zeitschrift für Soziologie und Sozialpsychologie, S. 53-75.
Dies. (Hg.), Kurskorrekturen. Feminismus zwischen Kritischer Theorie und Postmoderne, Frankfurt/M./New York 1998.
Dies., Differenz und Dekonstruktion. Anmerkungen zum »Paradigmenwechsel« in der Frauenforschung, in: Hradil, Stefan (Hg.), Differenz und Integration. Die Zukunft moderner Gesellschaften. Verhandlungen des 28. Kongresses der Deutschen Gesellschaft für Soziologie, Dresden, 1996, Frankfurt/M./New York 1997.
Dies., Segregation in Bewegung. Einige Überlegungen zum »Gendering« von Arbeit und Arbeitsvermögen, in: Hausen, Karin/Krell, Gertraude (Hg.), Frauenerwerbsarbeit. Forschungen zu Geschichte und Gegenwart, München 1993.
Knapp, Gudrun-Axeli/Wetterer, Angelika (Hg.), Soziale Verortung der Geschlechter. Gesellschaftstheorie und feministische Kritik, 2. Aufl., Münster 2002.
Dies. (Hg.), Traditionen Brüche. Entwicklungen feministischer Theorie, Freiburg 1992.
Kreckel, Reinhard, Politische Soziologie der sozialen Ungleichheit, Frankfurt/M./New York 1992.
Kreisky, Eva/Sauer, Birgit, Der Staat ohne Geschlecht, in: dies. (Hg.), Geschlecht und Eigensinn, Wien 1998, S. 203-223.
Krüll, Marianne (Hg.), Wege aus der männlichen Wissenschaft, Pfaffenweiler 1990.
Krüger, Helga, Gesellschaftsanalyse: Institutionenansatz in der Geschlechterforschung, in: Knapp, Gudrun Axeli/Wetterer, Angelika (Hg.), Soziale Verortung der Geschlechter. Gesellschaftstheorie und feministische Kritik, Münster 2001, S. 63-90.
Dies., Strukturdaten und Selbstinterpretation. Warum in der Geschlechterforschung so wichtig ist, beide Ebenen der Analyse aufeinander zu beziehen, in: Aulenbacher, Brigitte/Bereswill, Mechthild/Löw, Martina/Meuser, Michael/Mordt, Gabriele/Schäfer, Reinhild/ Scholz, Sylka (Hg.), Frauen Männer Geschlechterforschung. State of the Art, Forum Frauen- und Geschlechterforschung Bd. 19, Münster 2006.
Landweer, Hilge, Kritik und Verteidigung der Kategorie Geschlecht. Wahrnehmungs- und symboltheoretische Überlegungen zur sex/gender-Unterscheidung, in: Feministische Studien 2, 1993.

Laqueur, Thomas, Auf den Leib geschrieben. Die Inszenierung der Geschlechter von der Antike bis Freud, Frankfurt/M./New York 1992.
Latour, Bruno, Wir sind nie modern gewesen. Versuch einer symmetrischen Anthropologie, Berlin 1995.
Lauretis, Teresa de, Eccentric Subjects. Feminist Theory and Historical Consciousness, in: Feminist Studies 16/1, 1990.
Dies., Technologies of Gender, London 1994.
Lenz, Ilse, Grenzziehungen und Öffnungen. Zum Verhältnis von Geschlecht und Ethnizität zu Zeiten der Globalisierung, in: Lenz, Ilse/Germer, Andrea, Wechselnde Blicke. Frauenforschung in internationaler Perspektive, Opladen 1996.
Dies./Luig, Ute (Hg.), Frauenmacht ohne Herrschaft. Geschlechterverhältnisse in nichtpatriarchalen Gesellschaften, Berlin 1990.
Dies. (Hg.), Die Neue Frauenbewegung in Deutschland. Abschied vom kleinen Unterschied. Eine Quellensammlung, Wiesbaden 2008.
Lerner, Gerda, Die Entstehung des Patriarchats, Frankfurt/M. 1986.
Lindemann, Gesa, Das paradoxe Geschlecht. Transsexualität im Spannungsfeld von Körper, Leib und Gefühl, Frankfurt/M. 1993.
Lorber, Judith, Paradoxes of Gender, New York 1994.
Lorber, Judith/Farell, Susan A. (Hg.), The Social Construction of Gender, London 1991.
Lorey, Isabell, Immer Ärger mit dem Subjekt. Theoretische und politische Konsequenzen eines juridischen Machtmodells. Judith Butler, Tübingen 1996.
Lutz, Helma/Herrera Vivar, Maria Teresa/Supik, Linda (Hg.), Fokus Intersektionalität. Bewegungen und Verortungen eines vielschichtigen Konzeptes, Wiesbaden 2010.
Maihofer, Andrea, Geschlecht als Existenzweise, Frankfurt/M. 1995.
Metz-Göckel, Sigrid/Müller, Ursula, Der Mann, Weinheim 1986.
Milich, Klaus J., Feminismus und Postmoderne. Zur Notwendigkeit einer kulturhistorischen Verortung, in: Hornscheidt, Antje/Jähnert, Gabriele/Schlichter, Annette (Hg.), Kritische Differenzen – Geteilte Perspektiven, Opladen/Wiesbaden 1998.
Money, John/Hampson, John G., An Examination of Some Basic Sexual Concepts. The Evidence of Human Hermaphroditism, in: Bulletin of Johns Hopkins Hospital 97, 1955.

Morgan, Robin (Hg.), Sisterhood is Powerful. An Anthology of Writings from the Women's Liberation Movement, New York 1970.

Müller, Ursula, Sexualität, Organisation, Kontrolle, in: Aulenbacher, Brigitte/Goldmann, Monika (Hg.), Transformationen im Geschlechterverhältnis, Frankfurt/M./New York 1993.

Müller, Ursula/Schmidt-Waldherr, Hiltraut (Hg.), FrauenSozialKunde. Wandel und Differenzierung von Lebensformen und Bewußtsein, Bielefeld 1989.

Narayan, Uma, Essence of Culture and a Sense of History. A Feminist Critique of Cultural Essentialism, in: Hypatia, Sonderheft, Border Crossings: Multicultural and Postcolonial Feminist Challenges to Philosophy, Bd. 13, Nr. 2, Frühjahr 1998.

Ortner, Sherry/Whitehead, Harriet (Hg.), Sexual Meaning. The Cultural Construction of Gender and Sexuality, New York 1981.

Ott, Cornelia, Die Spur der Lüste. Sexualität, Geschlecht und Macht, Opladen 1998.

Pasero, Ursula, De-Thematisierung von Geschlecht, in: Pasero, Ursula/Braun, Friederike (Hg.), Konstruktion von Geschlecht, Pfaffenweiler 1995.

Rademacher, Claudia/Wiechers, Peter (Hg.), Geschlecht Ethnizität Klasse. Zur sozialen Konstruktion von Hierarchie und Differenz, Opladen 2001.

Räthzel, Nora, Nationalism and Gender in West Europe. The German Case, in: Lutz, Helma/Phoenix, Ann/Yuval-Davis, Nira (Hg.), Crossfires. Nationalism, Racism and Gender in Europe, London 1995.

Rohde-Dachser, Christa, Expeditionen in den dunklen Kontinent, Berlin/Heidelberg/New York 1991.

Rumpf, Mechthild, Spuren des Mütterlichen. Die widersprüchliche Bedeutung der Mutterrolle für die männliche Identitätsbildung in Kritischer Theorie und feministischer Wissenschaft, Frankfurt/M./Hannover 1989.

Sauer, Birgit, Die Asche des Souveräns. Staat und Demokratie in der Geschlechterdebatte, Frankfurt/M./New York 2001.

Schein, Gerlinde/Strasser, Sabine (Hg.), Intersexions. Feministische Anthropologie zu Geschlecht, Kultur und Sexualität, Wien 1997.

Schlesier, Renate, Mythos und Weiblichkeit bei Sigmund Freud, Frankfurt/M. 1990.

Stoller, Robert, Sex and Gender. On the Development of Masculinity and Femininity, New York 1968.

Taylor, Charles, The Politics of Recognition, in: Gutmann, Amy (Hg.), Multiculturalism and »The Politics of Recognitition«, Princeton 1992 (deutsch: Multikulturalismus und die Politik der Anerkennung, Frankfurt/M. 1997).

Thürmer-Rohr, Christina (Hg.), Mittäterschaft und Entdeckungslust. Studienschwerpunkt »Frauenforschung« am Institut für Sozialpädagogik der Technischen Universität Berlin, Berlin 1989.

West, Candace/Fenstermaker, Sarah, Doing Difference, in: Gender and Society 9, 1995.

West, Candace/Zimmerman, Don, Doing Gender, in: Gender and Society 1, 1987.

Wetterer, Angelika, Arbeitsteilung und Geschlechterkonstruktion. »Gender at Work« in theoretischer und historischer Perspektive, Konstanz 2002.

Dies., Profession und Geschlecht. Über die Marginalität von Frauen in hochqualifizierten Berufen, Frankfurt/M./New York 1992.

Wilde, Gabriele, Das Geschlecht des Rechtsstaats, Frankfurt/M./New York 2001.

Wobbe, Theresa, The Boundaries of Community. Gender Relations and Racial Violence, in: Lutz, Helma/Phoenix, Ann/Yuval-Davis, Nira (Hg.), Crossfires. Nationalism, Racism and Gender in Europe, London 1995.

Young, Iris Marion, Das politische Gemeinwesen und die Gruppendifferenz. Eine Kritik am Ideal des universalen Staatsbürgerstatus, in: Nagl-Docekal, Herta/Pauer-Studer, Herlinde (Hg.), Jenseits der Geschlechtermoral. Beiträge zur feministischen Ethik, Frankfurt/M. 1993.

Dies., Justice and the Politics of Difference, Oxford 1990.

Regina Becker-Schmidt, geb. 1937, ist Professorin am Psychologischen Institut der Universität Hannover. Arbeitsschwerpunkte: psychoanalytisch orientierte Sozialpsychologie und Sozialisationsforschung, Theorie der Geschlechterverhältnisse, Sozialpsychologie der Technik, feministische Erkenntnistheorie und Gesellschaftskritik.
Buchpublikationen u.a.: gemeinsam mit Gudrun-Axeli Knapp: Geschlechtertrennung – Geschlechterdifferenz. Suchbewegungen sozialen Lernens (1987); Zeitbilder der Technik. Essays zur Geschichte von Arbeit und Technologie (1989); gemeinsam mit Gudrun-Axeli Knapp: Das Geschlechterverhältnis als Gegenstand der Sozialwissenschaften (1995).

Gudrun-Axeli Knapp, geb. 1944, ist Professorin am Psychologischen Institut der Universität Hannover. Arbeitsschwerpunkte: Sozialpsychologie der Geschlechterdifferenz und Soziologie des Geschlechterverhältnisses, feministische Theorie und Epistemologie.
Buchpublikationen u.a.: gemeinsam mit Regina Becker-Schmidt: Geschlechtertrennung – Geschlechterdifferenz. Suchbewegungen sozialen Lernens (1987); als Mitherausgeberin mit Angelika Wetterer: Traditionen Brüche. Entwicklungen feministischer Theorie (1992); gemeinsam mit Regina Becker-Schmidt: Das Geschlechterverhältnis als Gegenstand der Sozialwissenschaften (1995); jüngste Veröffentlichung (als Herausgeberin): Kurskorrekturen. Feminismus zwischen Kritischer Theorie und Postmoderne (1998).